小商いの
はじめかた

身の丈にあった小さな商いを
自分ではじめるための本

伊藤洋志　監修

風来堂　編

東京書籍

はじめに

「あらゆる商売は小商いからはじまった！」

というほどの歴史的確証はありませんが、自給社会からモノとサービスの交換がはじまった頃は金融投資もおそらくまだありませんし、商売といえば小商いだったことでしょう。改めて辞書で確認すると、小商いとは、少ない元手で行う商売のことです。人を雇わなくてもできる起業ということもできます（雇ってもいいけれど）。

現代で「仕事を探す」といえば、自動的に「雇用を探す」という言い回しに脳内変換されてしまいますが、この2つは、そもそも同義ではありません。

人類の歴史の大半は、個々人が鍛冶屋をやったり、紺屋《こうや》をやったり、運搬業をやったりしていたのが実際のところでしょう。とはいえ、そんなんじゃあ、でかいことはできないし、効率が悪いだろう、ということで会社が生まれました。ちなみに世界最古の企業は、日本の社寺建築の「金剛組」で西暦578年創業とのこと。世界初の株式会社は、17世紀初頭のオランダ東インド会社といわれています。さすがにお寺は一人では建てられませんし、大航海も一人、イカダでやったらただの遭難です。

今では、企業が、個人では到底できない規模のシステムを構築することで、矛盾は皆無とはいえませんが、まずまず質の良い家具や服などを大量に生産できるようになりました。そのお陰で、さまざまな品物を庶民が手に入れることができるようになりました。

かつては金《きん》と等価だった「コショウ」も入手可能です。よい企業に入れれば「エリート」という、企業に所属することがある種のステータスになったのも、企業体の役割の大きさを示しているのかもしれません。

本書は、そんな流れの中で逆走しているかのように「小商いのはじめかた」をお知らせする書物なのです。なぜそんな本をわざわざつくったのか。それは、ネット技術を中心に、小商いがやりやすい環境になってきた、など理由はいくつかありますが、なにより「面白い！」ということに尽きます。

自分で品物を考え、値段を決め、お客さんに出会い、提供し、対価を得る、その過程で人間的な対等なやり取りが成立する。このプロセスを全部体験できるからです。

人間が何に面白みを感じるか、というのは人類学的にも興味深いテーマですが、物事全体の変化を発見することであろうと私は考えています。小難しく言いましたが、「すごい発見をしたんや！」というのは友達に言いたくてたまらない話題ですし、小さな子供を見ていると、毎日のように発見を大人に伝えてきます。おそらくこれは、原初的な強い欲求なのではないかと思われます。小商いは個人の役割が多岐にわたるし、何より自分の事業なので集中力も段違いのため、日々の発見が多くなりやすいです。

産業革命以後の働き方は、ちょっと分業しすぎたり、働くペースが毎日8時間・週休2日とワンパターンで間延びしてしまいがちなのが難点でした。とくに日本は、気候が下手によいので、豪雪地帯などを除いて、春夏秋冬ずっと同じペースで働けてしまいます。しかし所詮、人間の動物としての設計は、季節によって行動が変わるのが前提ですし、工場で働いたり、モニターと向かい合い続けるようには最適化されていません。そんなわけで、想定外の動き方をしていることに対するチューニングも必要です。ヨガなどの体を調整する技が現代では、小商いになるのもそのためです。

小商いは、中身もやり方も自分で決められますから、発見も多く、過程の充実も図りやすい。そして、相手が認識できる範囲の規模なので、やり取りする楽しみがある。なじみの魚屋さんと交わすような、何気ないノープレッシャーの会話というのは貴重です。また、協力者や道具など必要な要素を集めて完成させるパズル的な要素もあり、「ついでに用意していた商品のほうが売れた」とか、「思いがけない動機で買う人がいた」など、やってみないと分からないことだらけのゲーム性もあります。

わずかな元手でやるから失敗もできます。そこも面白いとおすすめできるポイントです。大企業の経営者になると、失敗覚悟のアタックもできなくはないが、簡単にはできない。

さらに、今は「小商いのための時代」といえるようなツールが次々に開発され、普及しています。大規模なシステムが個人の仕事を奪うというよりも、むしろインフラになり、逆に個人が活躍できる余地が出る。小商いには、いい時代かもしれません。

例えば、2年前まではクレジットカードの導入は、ある程度の初期投資をして端末を購入しなければならず、月額維持費が必要でした。今では、スマートフォンを使用し、コンビニでも売っている端末を買えば、個人でもクレジットカードで代金を受け取れるようになりました。

何かをつくって売るなら、家賃を投じてお店を構えないと厳しかったのですが、今ではイベントやネットで販売し、家賃分を開発費に回す、という手段も可能になってきています。

小商いというと、小遣い稼ぎのイメージがあるかもしれませんが、現代では使いこなすツールによっては、個人でもちょっとした零細企業ぐらいの売上がある仕事をつくることもできるようになってきました。あくまで、「少しの元手と体一つで始める」という個人の事業を、小商いと考えてもらえたらと思います。


本書の監修を担当している私イトウは、『ナリワイをつくる』(2012年/東京書籍)という本で、自力で仕事と生活をつくるための方法論をまとめましたが、本書は仕事の生み出し方に焦点を当てた、実践者達へのインタビュー集です。

「こうやったらうまくいった」という話も出てきますが、「このやり方は、やってみたら大変でやめた」という話も入れてあります。

お話を伺った方々は、いずれも元手があまりないところから、自分の思いつきを様々な工夫で少しずつ実現して、今なお発展中の方ばかりです。

分野も、「小商い」としてイメージしやすい土窯パン屋さんから伝統工芸、HIPHOPミュージック、服飾、移動本屋、伝統文化の発信など、様々なジャンルから伺うようにしました。小商いが嵩《こう》じて、1つの分野に絞っている方もいれば、スタッフとお店を構える方、会社員の傍ら取り組んでいる方、複数の仕事を組み合わせて生計を立てている方など、収入の形も様々です。

さらに、次のようにグループ分けをして、章ごとにまとめてあります。

「自分がほしいものをおすそわけ」「ものづくりを進化させる」「遊び心が仕事を生む」「既存のモノに価値を見出す」「地域のなかに役割を見つける」。

これらは、実践者の方々の工夫をまとめたテーマです。単なる分類のためではなく、それぞれが小商いを始める方にとっての、いわばRPGゲームにおける「コマンド」です。料理も、「焼く」「煮る」「蒸す」「揚げる」「切る」など、様々なコマンドの組み合わせであると考えると、いちいちマニュアルに固執しなくても、自分で色んな食材、環境に対応できます。レシピに書いてある「ネギ」がなかったらお手上げではなく「シソ」で代用しようとか、そういうことができれば、自分の頭で考えて進んでいくことができるはずです。こんな応用力をつけるために本書はつくってあります。そして、迷ったときに読み返してみて、作戦を立てる参考にできるように構成されています。

どんな人におすすめの本かというと、会社員だけど土日に自分の興味・技能を活かして仕事をつくりたい方、フリーランスだけど受託が中心なので、自前のサービスをつくりたい方、ボランティア的な活動や、文化芸術活動を助成金などに頼らず継続させる方法を考えたい方など。広く仕事のあり方や文化のつくり方を考える方に、「よし自分も何かやったるぞ」という意気込みで、読んでいただけると有り難いです。もちろん、「色々な仕事があるんやなあ」と視野を広げるために読んでもらえるのも嬉しいことです。フリーランス対会社員という発想で物事を考えると間違えます。生態系の豊かさと丈夫さは多様性から生まれます。多様性に寄与することが本書の制作動機の一つでもあります。

本書の理論部分にあたる『ナリワイをつくる』は、主に自分の実践を通して書きました。しかし、私一人だけのサンプルでしたから、特殊例ではないかという疑問があります。私としてはこの本を通して「他にも私より優れた様々な実践者がいる」ということがお伝えできたら、まず第一目標は達成です。それぞれ、自身の意欲をもとに作戦を立て試行錯誤しながら、手持ちの技術を組み合わせた〝小商い〟を持っておられます。

そして、言っておかねばならないことは、本書は「こうやったらうまくいく」というような、マニュアルを集積したものではありません。あくまで実践者の思考の過程を追体験することで、小商いに必要な考え方や心構えを身につける足がかりにするためのものです。

初期条件が違うと、同じことをやっても同じ現象は起きなかったりします。くれぐれも、登場する方々にいきなり「やり方を教えてください」などと聞いてはいけません。丸投げの質問をする人は、経験的に言って実行に至らないことが多いです。いきなり人に聞く前に、まず自身が仮説を立てて小さい範囲でやってみたり、小商い実践者のサービスや品物を買ってみたりして研究してみることをおすすめします。良い買い物や頼み事ができることも、自分が小商いを提供する側に立つ際にとても大事な準備になります。登場される方の連絡窓口が掲載されているのは、そういう意図があります。

ベンチャー起業は、「10個打って1個当たるかどうか」みたいな俗説も聞かれますが、対照的に小商いはそもそも自身が生活に必要だと思われるものを扱うので、規模がどこまで伸びるかは分かりませんが、たいてい仕事になるものです。しかもフィードバックを得たり、実績を蓄積することもネットによってやりやすくなりましたから、時間をかければ育っていきます。植物を育てるみたいな充実感があります。

この本が少しでもきっかけとなり、さらに色々な方が21世紀の小商いの形を確立していけば、あとから続く人はだいぶやりやすくなります。何しろクリーニング屋さんは最初は革命的でしたでしょうが、最終的には各地でいろんな人がやることができる立派な「商い」になりました。本書に登場する方たちは、最初にクリーニング屋をはじめた人のような開拓者といえるでしょう。また、今では大きくなった会社でも、元々は野菜の引き売りだった、みたいな歴史もしばしばあります。広く小商いにチャレンジする人が増えれば、次世代の企業が育つ土壌が育っていくことにもなるでしょう。

案外、小商い、ナリワイをつくることの意義は広くて大きいのかもしれません。

さて、前置きが長くなりましたが、「小商いのはじめかた」はじまります。

伊藤洋志

第１章

自分がほしいものをおすそわけ

シンプルで強力なおすそわけ的小商い

伊藤洋志

何か仕事を起こそうというときに、まず部外者の友人知人に聞かれがちなのが「ターゲットは?」「ニーズ調査は?」「本当に大丈夫?」などなどです。「ちゃんとリサーチしなきゃいけませんよね、大人なら」という無言の圧力で行動を起こせず、消えていくアイデアは無数にあります。

この章には、そんなまどろっこしい人が登場しません。なぜなら皆、自分自身があったら使いたいと思えるサービスをやっているからです。少なくとも世界で1名だけは、それを喉から手が出るほど欲しい、と思っている人がいる(自分自身です)ところからスタートしています。

多肉植物が好きで育てていたら、部屋がいっぱいになってお店を始めたisla del pescado《イスラ デル ペスカド》の西さん。会社勤めが忙しくて、ちゃんとした食事を食べられなかった経験から知り合い向けの料理教室をスタートし、お店を任されることになった堂々の佐々木さん。旅行好きで、各種ウェブサービスを使って自力で飛行機や宿を予約していた経験から、忙しい人のための旅の行程を組んでくれるtabinote《たびのて》の田口さん・渡部さん。

ここに登場する小商いはすべて、自分が必要だと思ったからやってみた、というシンプルな動機から始まっています。

このやり方はシンプルながら強力。さらにインターネット時代に個人が仕事を始めるのに適したタイプの小商いです。

自分自身がどうしても必要だと思ったら、あなたがよほどのマニアックな人でもない限り、同じようなことを考えている人は一定数いるはずです。同じようなサービスがどれくらい世の中にあるかも、すぐに調べられます。単に似たようなサービスがあったからといってすぐに諦める必要はありません。個人の工夫が活きる分野であればチャレンジできます。

あとは共鳴してくれる人とどう出会うか。低コストの告知ツールであるウェブやTwitter、Facebookは、そのような1000万人に対して商売するわけではない個人発信のサービスと相性が良い。逆に個人的体験に基づいたものでないと、なかなか広まりにくいのも特徴です。

サイトづくりに関しては、どういうレイアウトや申し込みフォームだと受注率が高いか、などの技術はあります。まあ、それだって自分が申し込む側に立って、使いやすさ見やすさを考えていけば、ある程度はチューニングすることができるでしょう。余裕が出てきてから、専門のウェブデザイナーさんに依頼すればよい。

サイトづくりについてひとつ鉄則を紹介すると、1つのサイトにつき、1つのテーマにしたほうがよいです。そのほうが受け手が探しやすいからです。

テーマの違うサイトに小商いの告知をしても、効果は期待できません。文章が得意な研究者の方が自身の研究報告のサイトで、一般向けの文章書き方講座の告知をしてみたらあまり応募がなかったそうです。いくら自分のサイトといえども、サイトの読者の興味とかけ離れすぎていると、そこで告知してもあまり反応はありません。その場合は、サービスの中身が悪いのではなく、告知場所が間違っているので、サービスの中身を変えるのではなく、告知場所を変えましょう。

このタイプの小商いをやるうえでのポイントは、自分がやっている小商いに対する関心と客観性の2つを同時にもてるか。

好きなものだとしたら、なおさら客観性をもつことが必要です。要するに他人が使えるものだったり、「それ、めっちゃ欲しい!」くらいのレベルにまで高めたいところです。徐々にでもよいので、質を高めていく方法を考えていくことが大事です。質を高める工夫をあれこれ考えて実行するのが小商いの楽しいところです。

何が自分の小商いの質なのか、ということを考えるのは次回以降に発展させていくときに、よい指針になります。

多肉植物・織物販売

isla del pescado

西《にし》知《ち》佳《か》さん

「コレクションが増えたから売る」

少し珍しい植物と、世界に一つだけの織物。
好きだからたくさん欲しいけれど、
増えすぎたら保管場所に困る。
だったら販売してみよう、と思い立った。

多肉植物にスペースを侵蝕されて

多肉植物と織物。一見すると、接点がなさそうなこの2種類の商品を、オンラインショップやイベント出店で販売している西知佳さん（30歳）。

「以前から植物を育てることが好きで、特にジャンルを意識していたわけではないのですが多肉植物も育てていました。あるとき、とても魅力的な多肉植物に出会い、その株について原産地や育て方、仲間の種類など詳しく調べていくうちに、多肉植物についてさらに追求したくなったんです。ひとつ手に入れたらほかの種類も、という感じで、どんどん株が増えてしまって。当時、逗子に借りていた部屋が手狭になってきたことを機に、多肉植物の魅力を伝えるために販売してみようと思いました。最初は、商売というより多肉植物に興味をもつ人が増えたらいいいな、ぐらいの気持ちで」

とはいえ、栽培方法は図鑑などで事前に調べ、自分で3年は実際に育ててみてから売ることにしている。水や日光の適切な量など、ひとつひとつの植物の個性をつかむように努め、販売時には、栽培した経験から感じたことを一言添える。

では、織物についてはどうだろう。

「大学一年生のときに、授業で北陸に行って裂き織りで小さな布を織った体験が鮮烈で、とにかく楽しくて。二年生になって、迷わずテキスタイルを専攻しました。実際に織ってみるまで、どんな色や模様が浮かび上がるのかわからないのが織物の魅力です。いつも織り始める前に出来上がりをイメージするのに、思った通りにいくことって滅多にない（笑）。でも、それがかえっていい」

小さい頃から手を動かすことが好きで、ひとつのものをコツコツ作り上げていくこと、そして、完成して達成感を味わうことに大いなる喜びを感じていた。

大学卒業後は、山小屋やアウトドアショップに勤めていた西さん。休みの日や空いた時間には、アメリカからとり寄せた織り機の前に座り、気ままに織物を続けていた。

「庭づくりがしたくて」自分達で家を建てようと決意

多肉植物も手織りテキスタイルも、ストックが増えてきたため２０１１年から、「isla《イスラ》 del《デル》 pescado《ペスカド》」という屋号で、イベントに出店するようになる。「開業しよう」というよりは、手もとにあってダブっている多肉植物や織物を、欲しいと思う人におすそわけする感覚で始めた。そのため開業費はほとんどかけず、準備といえばお店用の銀行口座を開いたぐらいだった。

当時、西さんはアウトドアショップに勤めながら多肉植物の世話をし、空いた時間には、機織り、そして週末には葉山芸術祭などの地元のイベントにときどき出店するなど、めまぐるしい日々を送っていた。しかし〝仕事〟という意識はなく、あくまでも好きでやっていることにすぎなかった。しかし、今度は別の問題が浮上して……。

「多肉植物が増えすぎてしまって(笑)。気がつくと床一面がバーッと多肉植物で埋め尽くされていて。さすがにこれはまずいと思い、借家を引き払うことにしました。具体的な計画を練っていくうちに、庭いじりを思う存分やりたいから、一戸建てを買おうと夫と二人で決心しました。庭さえあれば、中古でも新築でもよかったんです」

不動産屋を巡り、現在の住まいである葉山の中古物件を発見。建物の間取りは気に入ったが、どうしても引っかかるところが一点あった。庭が少し狭かったのだ。

「結局、庭に全力を注ぎたくて、もともとあった建物を取り壊して、新たに家を建てることにしたんです」

ここで、西さんの物づくりの腕が活きてくる。大工さんにお願いしたのは、基礎や上棟など建物の外部だけ。内装はすべて自分達で手がける、ハーフビルドという選択をしたの

生育状況を見ながら、ひとつひとつの鉢に丁寧に水やりする。価格は小さなもので1500円～

である。ともに、大がかりな大工仕事の経験はゼロだったが、ご主人が設計や大工仕事を、西さんは内装や細かい仕上げを主に担当した。西さんは、すでにアウトドアショップでの仕事を辞めたあとだったので、来る日も来る日も、ひとりで壁の漆喰塗りや床板張りをこなし、週末には仕事が休みのご主人と共同で作業をする日々が続いた。

2013年の夏に、借家を引き払い新居での生活が始まった。なんとか一階に人を呼べるぐらいの仕上がりにはなったが、「完成予想の一割といったところですかね(笑)。家づくりはライフワークみたいなものです」。ゆっくり時間をかけて取り組んでいく。

居住空間がひとまず一段落し、次はいよいよ念願の庭づくり。まずは基礎から自分達で行う計画で、庭に温室を建てる。

「多肉植物の管理のためだけでなく、予約制かオープンショップのようなかたちで、販売する場にしたいです。もうちょっと精力的に活動したいとずっと思ってはいましたが、イベント出店のための準備って、かなり大変で。土の入っている鉢植えは想像以上に重いし、車で運んでいる途中に、植物が鉢ごと倒れないか、土がこぼれないか、とても気をつかう。これからは、温室をベースに、もっと気楽に無理なく販売できるペースでやっていきたいと思っています」

せっせと温室の基礎づくりに励んでいると、近所の方から「ここは何のお店?」と、よく声をかけられるそうだ。

「葉山のいいところは、ふらっと遊びついでに立ち寄ってくれる方が多いこと。無理のない範囲でやっていけそうな気がします。多肉植物好きの人がわざわざ来てくれるのも、もちろん嬉しいですが、もともと多肉植物にあまり関心をもっていなかった人が『なんか、いいかも』と思って、買っていってくれるのが理想かな」

意外と重労働な多肉植物の維持管理

現在は、2013年にスタートさせたオンラインショップで、多肉植物と織物を販売するのが主な商いだ。

家にいながら仕事ができるのは魅力だが、多肉植物の状態を維持するには手間がかかる。まず、数百鉢もの多肉植物すべてに水やり。1~2時間はかかるため、午前は家事と水やりだけで終了。水道と多肉植物の栽培場を、バケツを抱えて行ったり来たり。特に夏は水分が蒸発しやすいため毎日欠かさず行う。なお、冬場は数日おきでも大丈夫だとか。

午後は、商品の発送準備からスタート。オーダーがあった植物を鉢から抜き、根の部分を重点的に、丁寧に梱包していく。

「配送中に途中で倒れると鉢も割れるし、植物もダメージを受けてしまう恐れがあるので、植物のみにしています」

発送を終えたら、あとはその日によって、作業内容が変わる。オーダーをチェックしたり、織物を制作したり、家づくりに精を出したり……。サイトの更新や、メールの返信なども必要だ。

「ホームページには、オンラインショップで扱っていない植物の栽培法も掲載しています。そのため、購入したことのない方からも相談のメールを頂いたりするんです。もちろん、すべてに返信します」

顧客ではないのに、そこまで応対する必要はあるのだろうか。「このことがきっかけで、isla del pescadoを覚えてもらって、いつか買ってくれたらいいな、って」。植物の根がどんどん伸びるように、多肉植物の輪が広がることが大事なのだ。

そして、多肉植物の魅力を伝えることが第一、という西さんならではのもうひとつのこだわりがある。

「出店するときは、素焼きの鉢に植え替えて持って行くようにしています。その植物が映

上：オリジナルの織物はストール8800円〜や、ヨガマット1万3800円〜として販売　下左：自宅脇に温室を建設中。完成後は植物の管理兼ショップとしても機能する予定　下右：オーガニック・コットンや麻糸を用いてストールを制作中。完成までに要する期間は約2週間

えるように、こんな鉢が合いそうだな、と選んで。黒いプラスチックのペラペラした入れ物に入れて販売するのは、嫌なんです。軽くて持ち運びにも便利なのは、よくわかっていますが、見た目が大事だと思っているから。素焼きの鉢は重くて大変なんですけどね。場所もとるし、車の後ろに収まりきらず、木箱に入れた植物を膝の上に載せて運ぶとか、しょっちゅうですよ」

暮らしの一部だから、とことんこだわる

かつて、中南米をひとりで回っていた西さん。旅先でご主人と出会い、帰国後に結婚したおふたりは、揃って旅好き。しかし、しばらく1カ月単位の長期の旅はお預けだという。「多肉植物の管理があるので、行くとしたら冬場に最長で10日間ぐらいが限度ですね。いつも一緒に行く主人も、それぐらいしか休暇をとれないですし。それでも、多肉植物に会いに旅に出たい！　という気持ちが強いです。

2012年の10月には、マダガスカルに行ったんですよ、バオバブの木を間近で見たくて。栽培している植物の多くの生まれ故郷でもあるので、本当に感動しました。普段は、海外で仕入れることって、ほとんどないんですけど、露店で売っていたバオバブの実をい

くつか買って帰ってきました。ちゃんと、植物検疫を受けましたよ」

当面の目標は、たっぷり愛情を注いで育てている多肉植物の販売スペースとして、温室を完成させること。月に何度かショップとして開放しつつ、ときどきイベントにも出店し、認知度を高めていきたい。あくまでも「売れるために」ではなく、「多肉植物愛好家と、手織りテキスタイルの素晴らしさを分かち合える人を増やしたい」というのが根底にある。

「今は、素焼きの鉢を仕入れて使っていますが、ゆくゆくは、オリジナルの鉢を作りたいです。自分で一から作るか、もしくはデザインしたものをどこかで制作してもらうか」

織物についても、今後の展開を検討中である。

「ストールやマットのような、四角い布という形から一歩踏み出して、もう少し発展させていきたいと考えています。実家にある、ひいおばあちゃんが使っていた糸車を使って、糸を紡ぐところから始めたり。洋服を作る、などもいいですね」

仕事ではあるが、生活の一部という意識のほうが強い西さんの口からは、驚くほどお金についての話題は出てこない。

「もっとちゃんとやらなきゃ、とも思うんですけど」と言いつつ、しばらくは今のスタイルを続けていくつもりだそうだ。

西さんのとある一日

- 6:45 起床
- 7:30 朝食
- 8:30 洗濯、掃除、多肉植物の水やり
- 12:00 昼食
- 13:00 商品発送、記帳
- 14:00 多肉植物の観察、家づくり、織物・服の制作
- 18:30 夕食
- 23:00 就寝

西さんの小商いのポイント

☑ 開業資金はほぼゼロ

もともと、趣味であった多肉植物と織物を販売したので、開業にあたって特別に仕入れはしていない。在庫も自宅で管理していたため、別途、家賃もナシ。

☑ 自分で納得する価格に設定

多肉植物は、ほかの業者でも扱うものなら、ほぼ同価格で。レアなものは、自分が納得できる価格に。織物の価格は、糸代と作業時間を考えて決定している。

☑ 植物の仕入れは国内の業者から

たまに旅先で購入することもあるが、仕入れのために海外に行くことは考えていない。国内の専門業者へ直接出向き、自分の目で確認してから仕入れる。

小商いスタート時の収入・生活

アウトドアショップに勤めながらisla del pescadoをスタート。休日は、イベントに出店していたため人脈も広がり、専業にしてからも軌道に乗せやすかった。自宅や多肉植物用の温室を建てる際は、そのほとんどを自分達の手で行うなど、支出も抑えている。

[isla del pescado]

神奈川県三浦郡葉山町　http://isladelpescado.com

西 知佳／1983年北海道生まれ。武蔵野美術大学卒業後、山小屋、アウトドアショップ勤務を経て、現在は多肉植物と自身でデザイン、制作する手織りテキスタイルをインターネットで販売するほか、イベントにも出店している。2014年から自宅敷地内に建設した温室を店舗として、不定期にオープン予定。

和風家庭料理店

堂々

佐々木《ささき》 さとこ さん

「生徒は2名、自宅の料理教室がきっかけ」

食生活の大切さを再認識したOL時代。
そんな体験をした自分だからこそ、
プロがやろうとしない
〝母の味〟を追求しようと決めた。

普段口にする和食には多くの魅力が隠れていた

東大寺や春日大社も徒歩圏内にある、奈良県随一の観光地。人ごみを避けるように入り込んだ路地にあるのが、隠れ家風の雰囲気の和風家庭料理店「堂々《どうどう》」。2013年3月にオープンした、カウンター7席のみの小さな店だ。食材の買い出しや仕込み、接客まですべて一人でこなす女将として、店のいっさいを切り盛りするのが、佐々木さとこさん(34歳)。

「奇をてらったメニューではなく、旬の野菜を使った、家庭のお母さんが作るような、ごく普通の素朴な料理をお出しししています」

例えば、ある日のメニューは、れんこんと切り干し大根の照り炒め、大根と厚揚げの煮物、真鱈の甘麹味噌漬け焼きなど。化学調味料は、いっさい使わない。

日が暮れかける午後5時。店に明かりが灯ると、偶然通りがかった観光客や、会社帰りの常連さんがカウンターを埋めてゆく。海外にも知られる観光地という土地柄から、店のお客さんのおよそ2割は外国人だ。おいしい料理とお酒、気さくな人柄の佐々木さんとのトークを楽しみながら、初めて会うお客さん同士、いつしか話に花が咲くことも多い。

2004年から7年間、東京で会社員をしていた佐々木さんが、和食の魅力に気づいたきっかけは高校時代のアメリカ留学体験にあった。

「1年間、サンディエゴの家庭にホームステイをしたのですが、ホストファミリーに手料理をふるまったところ、とても感動されたんです。そのとき、寿司や会席料理など、特別なものでなくても、毎日の食卓に並ぶごく普通の和食が、実はすごくヘルシーで繊細な味わいだと知りました」

醤油や味噌、みりんなどの日本の調味料は完成度が高く、魚や野菜などの素材そのものもおいしい。海外留学は、そんな和食の素晴らしさに開眼させられる出来事だった。

大学卒業後、最初に就職したのは家具の会社。1年ほどで退社し、次に就職したのが給与計算のアウトソーシング会社。大手企業の社員の給与計算業務を代行するのが業務だった。この会社には、7年間勤めることになる。

仕事は忙しく、キャリアが磨かれていく日々だったが、佐々木さんには不満があった。

「昔から食生活が乱れると、肌が荒れたり、体を壊してしまいやすい体質なので、体に良いものを作って食べるよう心がけてきました。それなのに、夜遅くまで残業し、大事にしてきた食生活も疎かになることもありました。実際に体調を崩したわけではないのですが、

『こんな生活を60歳まで続けるなんて無理』と思うようになりました」

プロでないからこそ思いついた、素朴な家庭料理の店

息詰まる日々のなか、「気分転換に何か新しいことを始めてみよう」という気持ちで、近所で開催されていた料理教室に参加。

「料理教室のことを何気なく会社の人たちに話したところ、それがきっかけとなり、みんな自分の食生活について話し始めました。そのとき、仕事が忙しいあまり煮物や野菜炒めすら食べていないような食生活の人が、周りにたくさんいることに気づいたんです」

彼らのように、時間のない料理初心者でもできる、おいしくて健康的な和食の作り方を教えてあげたい。そんな思いから佐々木さんは、食育研究家を名乗り、2010年から1年間、自宅のマンションのキッチンを使って、毎回、生徒2人だけの料理教室「和ごはんお稽古」を始める。料理教室は飲食店を開くのとは異なり、食品衛生責任者などの資格や保健所の営業許可なども必要ない。また飲食業界で働いた経験がなくても、得意の料理の腕を活かしてできるため、思いついてからすぐにやってみることができた。

「会社が休みの土曜に準備をして日曜に開催していました。結局、材料の買い出しや部屋

店の中や玄関など合計6カ所に毎日新しく花を生ける。
花の調達はオーナーの畠山さんの仕事

の掃除が大変で、開催できたのは4回だけでしたが――。儲けるつもりはなかったので、参加費は材料費のみ。メニューは、おすまし、筑前煮、春菊の白和えとか〝堂々〟で出しているのと同じようなものです。最初は友達に来てもらい、その様子をブログにアップして告知。『手間をかけた料理が、身体にしみわたる感じ』『だしひとつから、いろいろな料理ができることに驚きました』などの参加者の感想も載せました。すると、それを見た会社の人達が、口コミで来てくれるようになりました」

普段は食事も作れないほど多忙な会社に、限界を感じていた佐々木さん。料理教室を開きながら転職を考え始める。「どんな仕事が向いているのだろう」と自問するなか、料理教室で、ささやかながらお金を得た体験を通し、好きな料理で本格的に生計を立てたい、との思いが日に日に強くなっていった。

そんなとき、たまたま書店で見つけた本が『ナリワイをつくる』。

「『夜営業している居酒屋を昼間だけ借りて、固定費をいきなり抱えないでチャレンジする』という内容を読んで。『これなら飲食店を始められるな』って思いました」

そんなとき、親が「定年後は落ち着いた場所で暮らしたい」と、東京から地方へ引っ越すことに。いくつか候補地があったなかで、奈良へ移り住むことが決まる。一人暮らしをしていた佐々木さんも会社を辞め、2012年1月、一緒に移住して実家暮らしを始めた。

お店に週一日一品の小鉢を提供し始めたら――

奈良に移住して半年後の2012年夏から7カ月間、会席料理店でまかない作りのアルバイトをしていた。

「料理人たちは見栄えをよくするために、例えば、里芋の皮を厚くむいて、栄養豊富な皮の付近の食べられる部分も捨ててしまいます。それがプロの世界では当たり前で、私のように滋養豊かな母の味を食べて欲しい、との発想はそこにはありません。

でも、それを見てひらめいたんです。料理の専門的な勉強をしていない私が、同じ会席料理という土俵で商売をすれば、プロに負けるけれど、OL生活で心も体もホッと安心できる料理を欲していた自分の経験を活かせば、プロにはできないサービスを打ち出せるんじゃないかって」

そこで佐々木さん、『ナリワイをつくる』のアドバイス通り、昼間借してくれそうな居酒屋を探すことにした。奈良で知り合ったたい焼き屋のマスターに紹介されたのが、「堂々」という名前の地鶏店だった。

「まずは、どんな店か見てみようと思って、お客さんとして、食べに行ってみました」

カウンター席で地鶏店のマスターの畠山さんと話すうち、気がつけば自分がやってみたい料理店について、思いの丈を熱く語っていたという。そんな佐々木さんとの出会いは、畠山さんにとって衝撃的だった。

「発想や視点が普通の人とは違うな、と感心しました。それまで私は、ここは路地裏だから、それほど商売上メリットのある立地だとは思っていなかったのですが、彼女は盛んに、観光客が大勢いるいい場所だって言ってくれて。彼女と一緒に店をやってみたら、面白い展開があるかもしれないと感じたんです。初対面の私にも、もの怖じせず、自分の夢を話す彼女の明るさ、前向きさに私の心がグッと動きました」(畠山さん)

佐々木さんの熱意と真っすぐなアピールに打たれた畠山さん。まずは佐々木さんに、週1日だけ、小鉢料理を作ってもらうことを提案する。

「初めは私の料理を畠山さんが器に盛りつけて出していましたが、それだと私のイメージと違う器が選ばれることがありました。『こんな器に盛りつけて欲しい』とイメージを伝えていたら、ある時『じゃあ、全部やってみたらいいと思う』って。お店を全面的に任せてもらうことになったんです。

右:(手前から)真鱈の甘麹味噌漬け焼き(850円)、大根と厚揚げの煮物(650円)など、母から伝わるレシピなどを参考に季節ごとにメニューを考案している　下左:「和ごはんお稽古」の様子。和食の良さを広めたいとの思いが、このときの体験で湧き上がった　下右:入口脇に店のコンセプトを書いたボードを置いている

その時期、畠山さんはちょうど、地鶏専門店を続けてよいのか、もっと集客力のあるコンセプトはないかと、店の方向性について迷っていたため、小鉢料理の評判も良かったことから、思い切って私に店づくりを任せることにしたそうです。急だったのでためらいはありましたが、めったにないチャンスなのでチャレンジすることにしました」

小鉢料理を請け負った期間は、2013年冬から1カ月間。最初は「固定費をかけずに店を始める」作戦だったのが、ひょんなことから自分の店を構えることになった。

外国からのお客さんも入りやすいお店づくり

店のコンセプトは、地鶏店から和風家庭料理店へとガラリと変更した。現在、畠山さんは、お酒の選定や掃除など裏方に徹し、佐々木さんとの共同経営というスタイルで店を支える。

内装や外装は、ほぼ地鶏店のときのまま。店名も考える暇がなかったため、そのまま引き継いだ。買い足したのは食器ぐらいで、開店資金はほとんどかかっていない。

見た目にお金をかけずとも、理想とする店づくりを実現するためにできることはある。

飲食店は、お客さんの質が店の雰囲気を決めてしまう。オープン直後は、「安いソーセージでも出してくれればいい」と居酒屋系のサービスを要求する人もいて、困ったとか。

「こうした店とお客さんのミスマッチを防ぐため、入口脇に、店のコンセプトを書いたボードを貼り出しました。これを読み、納得した人だけが入店してくれます。また、うちは一品600円台~1000円近くと価格設定は少し高めです。『安いので食べに来てください』ではなく、プライドをもって、適正な価格を出すことは重要だと考えています」

外国人観光客が多い奈良だからこそ、外国人にも気軽に入ってもらえるための集客の取り組みも忘れない。

「お店のコンセプトボードも、日本語版と英語版を作って並べて貼っています。メニューもすべて英訳した紙を用意して、外国人のお客さんにお渡しししています」

「外国の方も歓迎です」との気持ちを前面に出した取り組みが功を奏し、お客さん全員が外国人という日も珍しくないほど、多くの外国人が足を踏み入れてくれるようになった。

「外国の方が和食の素晴らしさに感動して下さるのを見るのは嬉しいです。将来は、外国人を対象とする和風家庭料理の教室を開いてみたいですね。観光客の人数が少なく、店の売り上げも低くなる夏場に、外国人相手に教室を開くなど柔軟な発想で、新たな展開もしていけたらと考えています」

佐々木さんのとある一日

9:00　起床

11:00　店に到着

12:00　買い出し

13:00　仕込み

16:00　店に飾る花を生ける

17:00　開店

22:00　閉店
食器を洗ったり、片づけ

23:10　帰宅

佐々木さんの小商いのポイント

✓ 開業資金はほぼゼロ

食器やコンセプトボード購入のための費用のみ。すでに存在した店の経営者に熱意を伝え、そのまま店を任されたため、開業資金はほとんどかかっていない。

✓ 料理教室を開催して感覚をつかむ

OL時代、友人相手に自宅のキッチンで料理教室を開催。定員2名の少人数制とし、ブログや口コミを通じて集客。この体験が「堂々」への第一歩となった。

✓ 特別な修業・資格は不要

飲食店を開く際に調理師免許は必須ではない（食品衛生責任者の資格は必要）。持ち前の料理の腕を活かして、すぐにスタートできた。

小商いスタート時の収入・生活

奈良に移住後は親と同居し、会席料理店で「堂々」開業直前まで、アルバイトをしながら生活をしていた。現在の店は、地鶏店「堂々」をそのまま任されて開店したため、開業資金もほとんど必要なく、開店後、すぐに軌道に乗せることができた。

［堂々］

奈良県奈良市椿井町51

http://naradoudou.com/　0742-26-2020

佐々木さとこ／1980年神奈川県生まれ。高校生のときにアメリカ・サンディエゴに留学したことで、和食の魅力に気づく。2010年、自宅で料理教室「和ごはんお稽古」を開催。東京でのOL生活を経て、2012年、奈良県に移住。2013年3月に和風家庭料理店「堂々」を開店。

旅行プランニング代行業

tabinote

田口《たぐち》 和裕《かずひろ》 さん／渡部《わたなべ》 隆宏《たかひろ》 さん

「ネットの知識と旅の経験を活かす」

インターネットの普及によって、以前よりも安く、効率的に旅ができるようになった。自身の旅の経験とネット活用のノウハウを組み合わせれば、仕事になると思いついた。

パソコンとインターネット環境があればＯＫ

「tabinote《たびのて》」は、個人海外旅行のプランニングを代行してくれるウェブサービス。ホームページの申し込みフォームから、旅行の日程と人数、目的地を入力すれば、運営メンバーが世界中のウェブサイトを使い、最安・最適な移動手段を独自で調査。申し込みから72時間以内に、詳細な旅程が書かれたレポートがメールで届くというシステムだ。

回答レポートにはフライトプランのほか、チケットを販売している会社へのリンクが貼られていて、直接サイトへと飛べるようになっている。また、リンク先でのチケットの購入手順もスクリーンショットを使った解説で、丁寧に案内してくれる。料金は１回１５００円～。マイレージ指定などのオプション１つにつき、５００円ずつ加算される。

一般の旅行代理店にお願いすれば、手数料がしっかり載せられるが、tabinoteは予約手配を行わず、プランニングだけに特化することでサービスを安く提供する。海外には「Flight Fox」という類似サービスがあるが、英語のみ対応、料金は49ドル～と高額だ。

tabinoteのメンバーは４人。リサーチと旅程作成、旅行記事の執筆を担当するのが、フリーライターの田口和裕さん（44歳）と、コンサルティング会社に所属する渡部隆宏さん(40歳)。サイトのデザインは、ウェブデザイナーの浜名恵美子さん、システム運営はエンジニアの児玉修一さんが担当している。田口さんと渡部さんが中心となって運営し、浜名さんと児玉さんはサイト制作の技術的分野に協力するというスタンスで参加している。tabinoteに必要なのは、パソコンとインターネット環境。場所や時間を選ばずに仕事ができる。

「メンバーは全員、それぞれ本業をもったまま副業としてtabinoteを始めました。各自の生活は本業の収入で成り立っているので、すぐに儲けは考えず、ゆっくりやっていこうと思っています」(田口さん)

インターネットが可能にした新スタイルの代理店

田口さんは学生時代、バックパッカーとしてあちこち旅をしていた。格安航空券で世界中を周り、少ない旅費でも旅を楽しめることを知った。初めてヨーロッパを訪れた際は、初日のフランス・パリで安宿が見つからず、仕方なく泊まったホテルは1泊2万円近く。

「所持金5万円を3日で使い果たしてしまい、その後2週間はほとんど野宿という旅でした(笑)。まぁでも、これもまた旅の面白さかなって」

1996年、27歳の時に広告代理店に就職。ウェブサイトやメールマガジンの編集、営業を担当していた。浜名さんとは会社の同僚として、渡部さん、児玉さんとはこの頃に友人を介して知り合った。会社は7年在籍したのち退職。2003年にフリーのライターとして独立し、IT関連の書籍を多数執筆している。

退職後、時間ができた田口さんは、1カ月ほどアメリカを鉄道で巡る一人旅に出かけた。学生時代に経験した旅の楽しさを思い出し、それから再び頻繁に旅行するようになったという。今では一年の3分の1は海外を旅行していて、滞在先で仕事をすることも多い。

「会社に勤めていた7年間で、生活環境はガラリと変化しました。多くの人がパソコンを持ち、ウェブ上でクレジットカードを使って買い物をしたり、インターネットを日常的に活用しています。僕は退職後に行ったアメリカの旅以来、それらをフル活用して旅しています。格安航空券も探しやすくなり、ホテルは現地で検索、そのまま予約もできる。学生時代と比べると、旅の仕方も大きく変わりました」(田口さん)

一方、渡部さんは大学卒業後、出版社などを経て2000年にコンサルティング会社の立ち上げに参画。海外を含む市場調査やデータ分析などを行っている。

「僕は、社会人になってから海外旅行に行くようになりました。短い休暇を利用して、で

——

以上から、**現地滞在時間114時間、1時間あたり単価が384円と安い「1.中華航空:成田発ホーチミン行き」**と、**現地滞在時間が122時間ともっとも長く、29日が丸々現地滞在可能な「2.ANA:成田発ホーチミン行き」(時間あたり単価485円)**の2つをご紹介します。

1は羽田発の便もありますが、経由地の台北で空港変更(桃園空港⇔松山)があり、費用的・時間的にもリスクがありますので成田をおすすめします。

2のANAはJALでもほとんど変わりありません。ANAの方が現地滞在時間が25分長いだけです。したがいまして、マイルを貯めているなどのご事情ありましたらJALをご利用下さい。JALはこちら(HIS)からご購入になれます(以下2のANAもこちら から手配可能です)。

——

ホーチミンを起点として、ハノイに行く場合は現地のLCC、VietJetが往復1万円程度です。**仮に7/26から7/28までハノイ2泊として「3.VietJet:ホーチミン発ハノイ行き」**をお調べしました。

また、後述しますとおり今回は**1と同じ旅程のパッケージツアー**が最もお得かと思います。ご参考下さい。

☑ 1. 中華航空:成田発ホーチミン行き:43798円/名×2名=87596円(※燃油・諸税込)

●往路 - 2013年7月24日
09:40 NRT 東京 成田 中華航空 (チャイナ エアライン) CI107
12:10 TPE 台北 台湾桃園国際 3時間30分
空港で接続 2時間10分
14:20 TPE 台北 台湾桃園国際 中華航空 (チャイナ エアライン) CI783
16:45 SGN ホーチミン 3時間25分
●復路 - 2013年7月29日
10:50 SGN ホーチミン 中華航空 (チャイナ エアライン) CI782
15:15 TPE 台北 台湾桃園国際 3時間25分
空港で接続 1時間20分
16:35 TPE 台北 台湾桃園国際 中華航空 (チャイナ エアライン) CI106
20:40 NRT 東京 成田 3時間05分

- 往路・復路共に台北経由です。2名の場合2回分/2名分予約します。
- 検索ページ:リンク先から以下のフライトを選択します。

回答レポートの一部。各航空会社利用時の現地の滞在時間を細かく計算し、
安価でかつ効率的なプランを提案

きるだけ安く、多くのプランを詰め込みたい。そう思って海外のサイトを駆使しながら自分で旅程を組んだりしていたのですが、当初はとても大変で。誰かスキルのある人に代わりにやってもらいたいと思う人が、いるんじゃないかと思ったんです」（渡部さん）

インターネットを利用すれば、格安航空券の購入やホテル、レンタカーの予約はもちろん、旅先でのスポーツ、ミュージカルなどのチケットも、安くかつ簡単に購入できる。また、アメリカ・ニューヨークなどの大都市では日本と同様に路線検索ができたりと、旅に必須のあらゆる情報が手に入り、お得でスマートな旅ができる。

「これらのノウハウを活かし、旅行者が望むプランを作れれば、仕事につながるのではないか」と、二人の意見が一致した。

広告の出稿やメルマガで積極的に情報を発信

２０１１年夏、浜名さんと児玉さんの協力をあおぎ、まずは「旅の相談窓口」として、旅程が気軽に相談できる申し込みフォームだけの小さなサイトを制作した。

その後「おすすめ旅程」など、いくつかのコンテンツを追加してサイトの体裁を整え、２０１２年７月に「tabinote」として始動。サイト内に使用するロゴやイラストは、友人のイラストレーターに依頼し、児玉さんが本業で利用しているサーバーを活用した。また、2013年6月にLLP（有限責任事業組合）化し、運営の効率化を図った。LLPは組織としての課税義務がなく、設立費用も法人に比べて安価なため、本書で紹介するような小規模の商売の場合、運営上のメリットが多い。

「tabinoteをスタートさせてから1年間は、トライアルとして無料でサービスを提供していました。商売として成り立つだけの需要があるか、様子を見るためでした」（田口さん）

当初は、友人からの依頼が中心だった。その後、コンスタントに週5、6件ほど新規の依頼があったことに手応えを感じ、2013年8月から有料化。価格は、無料期間中にとったアンケートを重視し、採算がとれるギリギリのラインである1500円に設定。調査の際は、効率的で安いプランニングが機械的にできるよう、独自の基準を設けている。

現状、調査にかかる時間や労力を含めると収支はトントン。そこで、多くの人に使ってもらい、さらに効率化を図ったり、少し高級なサービスも提供できるようにするためにFacebookに広告を出稿してサイトへの誘導を図っている。Facebookは広告費用がgoogleよりも安く、「日本在住・20歳以上・旅好き」というように、ターゲットの属性を指定できる。また、メールマガジン（有料・無料）を隔週で発行し、おすすめの旅行記や世界各地の滞在情報などを発信。連載以外の多くの記事は、田口さんと渡部さんが執筆している。有料版（月額300円）では、旅行作家の下川裕治《しもかわゆうじ》氏と吉田友和《よしだともかず》氏によるエッセイを全文掲載するなど、より充実した内容に（無料版は部分掲載）。

「ホームページでは『世界の巨仏を巡る』や『最短・最安で世界一周』といった、テーマを掲げたtabinoteおすすめのプランも紹介しています。『こんな楽しい旅の仕方がある』ということを、受け身で要望に応えるだけではなく、積極的に発信していきたい」（田口さん）

今後提供したいのは、「世界一きれいな海が見たい」「歴史を体感できる都市に行きたい」といったイメージ先行の要望をもとに、国や都市をセレクトし、旅程を提案するサービス。最近、tabinoteには「旅行をしたいけれど行き先が決まらない」という相談が多く寄せられているためだ。現在、同様の内容を「行き先相談」としてTwitterを通して無料で受け付けているが、より充実したサービスの実現を目指している。

「メールマガジンの登録者数は、無料・有料合わせて300人にのぼりました。徐々にですが、認知度が上がっているのを実感しています。この仕事のいいところは、ネット環境があれば世界中どこでもやれること。ゆくゆくは、パソコンを片手に世界を旅しながら、tabinoteを運営できればいいな、と思っています」（田口さん・渡部さん）

上：tabinoteのTOP画面にあげている「おすすめ旅程」は月に2度ほどのペースで更新。一般からの投稿も募っている　下：有料版のメールマガジン。旅行作家陣による連載をはじめ、世界各地の観光情報、読者やメンバーの旅行記などコンテンツも盛りだくさん

tabinote・田口さんのとある一日

- 8:00 起床
  自宅で（本業の）原稿執筆
- 12:00 自宅を出発
- 13:00 新宿の喫茶店で客先と打ち合わせ
- 14:00 tabinoteスタッフとランチミーティング
- 16:00 喫茶店にて旅程調査1件、メルマガ用原稿執筆
- 21:00 夕食のあと羽田空港へ移動
- 23:55 エアアジアD7523便にてクアラルンプールへ

tabinoteの小商いのポイント

☑ サイト立ち上げ資金は0円

運営メンバーにウェブデザイナー、システムエンジニアがいるため特別な制作費用はなし。サーバーはシステム担当者が使っていたものを活用。

☑ LLP（有限責任事業組合）化し節税

tabinoteは2013年6月にLLP化。LLPは個人または法人が共同で出資し、事業を行うための組織。法人に比べ設立費用が安く、法人税がないなどのメリットがある。

☑ ターゲットを絞った宣伝活動

旅好きの人々にtabinoteを知ってもらうため「日本在住・20歳以上・旅好き」といった属性を指定できるFacebookに広告出稿。隔週でメールマガジンも発行する。

小商いスタート時の収入・生活

メンバー全員が本業をもちながら、副業としてtabinoteをスタート。現在もtabinoteでの収益がメインではなく、本業の収入で生活している。サイトの制作は、友人でtabinoteメンバーの2人にお願いし、支出を抑えたため持ち出しはほとんどなかった。

［tabinote］

http://tabinote.jp　@tabinote1

田口和裕（1969年三重県生まれ。フリーライター）と、渡部隆宏（1973年新潟県生まれ。コンサルティング会社所属）、ほか2名の計4名で2012年7月に発足。当人達の旅の経験と、航空券やレンタカーなどをネットを使って検索・手配するノウハウを活かし、海外個人旅行のプランニングを代行している。今後は利用者のイメージから、具体的な行き先を提案するサービスも提供予定。

コラム――1

自由な発想がそのまま商売になった江戸時代

江戸時代は経済が発展し、さまざまな商売が生み出された時代。商売の中には「アイデア勝負」としか言いようのない、庶民の知恵から生まれたユニークなものも少なくない。

例えば「蝋燭《ろうそく》の流れ買い」。この時代、蝋燭は高価で、庶民の手には届かないものだった。そこで、大名や武家屋敷など裕福な家々を回って、流れ落ちた蝋燭のしずくを買い取り、再び溶かして型に入れて固めたものを庶民相手に販売していた。

この再生蝋燭は、敷居や桟に塗って戸の滑りをよくしたり、廊下や木製品のつや出しなどに使われたという。ゴミになるはずの蝋燭を仕入れて加工し、「再生蝋燭なら欲しい」という人達に安く供給していたというわけだ。

「猫のノミ取り屋」なんて商売も存在した。江戸時代にはネズミ退治に猫を飼う人が多かったのだが、その猫の体についたノミを駆除するというもの。猫をたらいの湯につけ、濡れた猫をオオカミの毛皮で包むと、猫についていたノミがオオカミの毛皮に移動してくるという仕組みだ。

ほかにも、女性の抜けた髪を買い取って、かもじにして売る「おちゃない」や、家々を訪ね、当時は銅製のため曇りやすかった鏡を磨ぐ「鏡磨ぎ」など、あげればきりがない。

ここにあげた商売は、店舗も元手も、特殊なスキルもほとんど必要ない「身ひとつ」でできるものばかり。「こんなものが仕事になるなんて」と驚くかもしれないが、冷静に見てみると、それぞれうまくニーズを掘り起こして商売として成立させている。こうした自由な発想や目のつけどころは、小商いの種を見つける際に参考になるはずだ。

第2章

ものづくりを進化させる

小商い的ものづくりとは

伊藤洋志

「小商い」といえばすぐに思いつくのは、モノを作って販売するというかたち。

今では観光名所にもなっている、京都市の百萬遍知恩寺境内の「手づくり市」をはじめとして、手工芸品を売るマーケットは各地で定着しつつあります（こういった場所づくりも小商いになりそうです）。

今ではEtsyなどオンラインでの販売マーケットもにぎわってきました。とはいえ、物質があふれる現代社会でモノだけを販売するのは、実はハードルが高い部類の小商いです。

家にモノを置く場所がなくなってきているので、むしろ商品というよりサービスを売る断捨離カウンセリングなどのほうが小商いに向いているかも、とすら思えてきます。

さらに、大量生産でそこそこ良いデザインの品物も増えてきています。一方では、自分が探し出して品物を手に入れたいという気持ちも高まっているのも確かですから、少しでもよいので独自性が感じられる量産品とは違うものを作りたいところです。

ものづくりを個人の仕事とするなら、そこでのポイントは3つあるんじゃないかと私は考えています。

1　受け手も参加できる余白がある
2　品物だけでなく技術を学ぶ機会も提供する
3　素材が勝負どころ

まず、1について。ここ60年の間に確立された商品という存在は、どこで誰が買っても同じモノが手に入るのが特徴です。しかし、個人がやるなら、何も同じようにやる必要はありません。どこで買うかで雰囲気が変わったほうが面白いし、誰でも買えない雰囲気のほうがいいかもしれません。もっと言うと、お客さんが制作に関わることができる部分があると、気持ちも盛り上がります。

クラウドファンディングで制作資金を集めて、完成したら投資額に応じて完成品をお返しする、という手法が人気ですが、これは単にいち早く品物が手に入るだけではなく、制作に参加している感じが面白い、という部分があります。

この章に登場するファッションブランド、nusumigui《ヌスミグイ》では、服は展示状態では完成品ではなく、購入する人が決まってからボタンやポケットなどを完成させるそうです。着る人と相談して最後の細部を仕上げる、というのは個人だからこそできることでしょう。

そして2について。ものづくりと言えば、品物を作って売るだけ、と思われがちですが消費に飽きてきている人が多いこのご時世、受け手が自らモノを作る場を提供するのも価値があることです。

要するに、手を動かしてモノを作るのは楽しい行為なので、それを独占しないでおすそわけしよう、ということです。蒔絵師の金兵衛《きんべえ》さんのように、普通の人が簡単にはできそうにない金継ぎや蒔絵などの伝統工芸であっても、そこに熟練者のサポートがあると完成品もぐっと仕上がりが良くなります。いわゆるワークショップというやつですが、これはお客さんと話す機会にもなるし、品物販売やプロモーション活動と良い相乗効果がありそうです。

最後に3について。例えば、古材を絶妙に組み合わせた家具には、工業的に量産された品物とは比較ができない魅力があります。要するに同じ土俵で勝負しなくてもよくなる、ということです。

ものづくりは、料理と一緒で素材が良ければ仕上がりが良くなります。

ユルクルさんが取り組んでいる柿渋染めは、時間がかかるけれど、ほかでは得がたい素材感が出ます。これは、小商いのものづくりにおいて、素材づくりがいかに大事かを示唆しています。

ファッションデザイナー

nusumigui

山杢《やまもく》 勇馬《ゆうま》 さん

「ファッションビジネスのルールから外れる」

自らの手で改造し世界観を表現した店内に、
一点もののアイテムが並ぶ。
服の作り方、販売方法、場所づくり……。
ひとつひとつが、買い手との距離を縮めていく。

服好きが集まる原宿で感覚を磨く

東京の北東部、工場や個人商店、民家が残る墨田区の一角に「nusumigui《ヌスミグイ》」はある。築50年の物件を自ら改造した店舗兼アトリエで、布を切り、つなぎ合わせて一点ものの洋服や小物を作るのは、山杢勇馬さん(26歳)。

幼少の頃に目指していた将来の職業は、バイクレーサーだった。

「バイクが好きだった父親の影響で、幼稚園の頃からレースに出ていました。高校2年生の時に関東1位になり、高校3年生で全日本チームの一員に。この頃は、自分はバイクレーサーとして生きていくんだと思っていました」

しかし、高校3年生の夏に負った大ケガがきっかけでレーサーの道を断念。高校卒業後は、両親が経営するリフォーム会社に就職した。

「仕事は1年ほどで辞めてしまいました。退職後は時間があったので週に5日は原宿に出向いて。高校生の頃からスニーカーや古着が好きで、よく買い物に出かけていたんです」

原宿の町を歩く人々や古着屋に並ぶ洋服に、山杢さんの好奇心が刺激された。実家を出てアルバイトをしながら友人の家を転々とし、ほぼ毎日、原宿へ通うことになる。

「ウェンディーズとGAP前が、僕らのたまり場でした。原宿で知り合った友達の中には服飾学校の生徒もいて、ファッションに関わる同年代の知り合いが増えていきました」

専門学校に行かず服づくりを学ぶ

知り合った服飾学校の生徒から声をかけられ、ファッションショーの手伝いをするうちに、自分でも服を作ってみたいと思うようになった。友人から、いらなくなったミシンを譲り受け、実家に戻って服づくりを始めた。

当初、専門知識がなかったため完全オリジナルでは上手く服が作れなかった。そこで、まずは古着を解体してパーツを入れ替えるリメイクからスタート。袖を切ったりツギハギしたり、制作方法はすべて独学だ。仕上がった服は自分で着て、鏡の前に立つ。「この服を着て町を歩いた時に、恥ずかしくないかどうか」が制作の基準。いたってシンプルだ。リメイク作業を重ねるうちに、服の仕組みも理解していったという。

「僕も本当は服飾の専門学校へ行きたかったんですけど、金銭的に難しくて。そんな時に友達からすすめられたのが、ファッションデザイナーの山縣良和《やまがたよしかず》さんが主宰する『ここのがっこう』だったんです」

「ここのがっこう」はファッションデザイナー自らが講師となり、一人一人、「個々」でファッションを感じ、学んでいくという趣旨の教室。授業料は専門学校よりも断然安い。授業内容は服を作る技術的指導ではなく、例えば一週間、自分が気になったものを写真に撮ってコラージュし、「自分は何が好きなのか、自分自身を知る」といったものだった。

「教室には2009年から1年ほど通いました。最初は、デザインやパターンなどの基礎知識を学べると思っていましたが、行ってみたら全然違った(笑)。インスタレーションなどさまざまな授業を通して自分の個性を再確認し、磨くことができたと思います」

教室修了後は、山縣氏のファッションブランド「writtenafterwards《リトゥンアフターワーズ》」のファッションショーに、インターンとして参加した。

「山縣さんのもとで学んだ一番のポイントは、空間のつかみ方です。例えば、デパ地下のショーケースに並ぶ商品って、どれもおいしそうですよね。見せ方を考えて並べられている。見せたいモノの要点をとらえ、いかに自分の世界観を上手く伝えるか、という感覚を得られたと思っています」

その後も一人で洋服の制作を続けながら、将来を模索していた。すると、自分が通っていた原宿のセレクトショップから「作っている服が見たい」と声がかかった。作りためて

上：ワンピース2万3000円。さまざまな素材を組み合わせて世界観を表現する　下：リメイクした上履き1万5000円〜は友人の刺繍作家・ネコモーションとのコラボレーション作品

いたリメイク服を持って行くと、委託販売で扱ってくれることになった。

販売されることが決まってから、あわててブランド名を考えた。

「当初、ブランド名は『つまみぐい』が候補でした。語感がいいなと思って。でも、試しにネットで検索してみるとすでに多くのサイトに使われていたので、同じく語感から『nusumigui』にしました。こちらは、どこともカブっていなかった」

そして2010年10月、東京・日本橋にある、スタジオや共同キッチンなどを備えた複合ビル「Creative Hub 131」の一画に6帖ほどのアトリエを構えた。


定期的なワークショップで、収入を複数つくる

nusumiguiは、原宿のセレクトショップに来たお客さんの口コミで徐々に知れわたっていく。また、当時流行りだしたTwitterもお客さんに見つけてもらうのに効果を発揮した。

「ブランドを立ち上げてから1年間は、リメイクした服の販売と、ボタンのつけ替えや丈つめなどの、お直しをしていました。Twitterを見てアトリエを訪ねてくる新規のお客さんも、だんだんと増えていきました」

リメイクの値段は、お客さんのオーダーを聞いて総合的に判断。持参したアイテムにポケットをつけるといった簡単なオーダーなら3000円〜。「Tシャツに生地を足してワンピースにして欲しい」など、少し手のかかる場合は1万円〜。

また、帽子やポーチ、鞄づくりなどのワークショップを定期的に開催し、安定した収入を得られるようにした。アトリエを構えて間もない頃、売上金をすべて使って生地を買ってしまい、気がつくと手もとにお金がない……。なんてこともあったからだ。ワークショップは、先に支出が発生する商品制作と違って、開催すればその場でちょっとした収入が生まれる。しかも作業を共にするのでお客さんとの距離も縮まる。

「1回目は帽子を作りました。Twitterで告知をすると、すぐに希望者からの反応があり満員に。いつも定員4名ほどと小規模ですが、そのぶん全員と密な交流ができます。参加者にはまず、作りたい形を描いてもらいます。型紙を渡して、プラモデルのように組み立てていくなんてつまらない。自分の描いたものを実際に作ってみよう、というのが僕のワークショップのスタイルです。現在も月に2回ほどのペースで開催しています」

木工所跡を自分で改装して店舗兼アトリエに

2012年冬から、リメイクではないオリジナルの服の販売も開始した。

「ゼロから作るオリジナルの服は2008年頃から作っていましたが、しばらくは売れるレベルではありませんでした。何度も作っていくうちに、ようやく納得できる服が作れるようになりました」

ゼロから服を作るにあたり、布を広げて裁断するとなるとシェアアトリエでは手狭になる。そこで、より広い作業場を探すことにした。場所にこだわりはなかったが、友人から、墨田区の小村井にアトリエを借りている美大生を紹介された。その人から、アトリエに隣接する空き家を紹介してもらうと、迷うことなくそこに決定。広さは日本橋の3倍で、家賃は3分の1。もう一つの決め手は、大家さんの「好きに改装していいよ」の一言だった。

物件は、木工所兼住居として使用されていた木造2階建て。1階を店舗兼アトリエ、2階を住居と決めて自らの手で改装スタート。空き家となってから1年以上は経っていたため、建物はボロボロで周囲は雑草だらけ。まずはせっせと草をむしり、丸2日かけて天井をぶち抜き、壁に色を塗った。

「小学生の頃は、図工の授業が好きだったんです。自分で、はんだごてを作ったり。服を作ることに限らず、手を動かしてモノを作ることが楽しいんです」

内装もすべて自らの手で改装した。遊び心のあふれる店内にしたいと、壁には落書きや

上：店内は服を見るだけでなく、お茶を飲んで話したり空間自体を楽しめるようになっている　下右：東武鉄道亀戸線小村井駅から徒歩5分の場所に位置するnusumigui。2階は住居として利用　下左：服づくりは基本、毎日行っている。現在も持ち込みがあればリメイクも行う

怪獣が描かれた黒板、床には古い絵本が置かれている。一方で、温かみの感じられる木を使い、お客さんがホッとできるような空間も意識した。ショップの奥は、大きな作業台が置かれたアトリエになっている。

約2カ月かけた改造作業が終了し、2013年9月にオープン。現在、ショップは基本的に週末のみ開店している。

「ラックにかかっている服はすべて一点もの、かつ未完成です。洋服制作の最終段階はお客さんと相談し、ポケットやボタンをつけるといった要望を受けてから完成させています」

新作発表会はシーズンを先取りしない

nusumiguiでは、各シーズンのテーマを設けていない。また、ファッション業界では春・夏ものは前年の12月に発表するなど、シーズンを先取りすることが一般的だが、nusumiguiの春・夏ものは3〜4月に発表している。「服は、実際に着用する時期に合わせて売りたい」と山杢さんは考える。

「『今季のトレンドはこれです』って、業界側が意図して流行を仕掛けていることに以前から違和感をもっていました。でも、そのサイクルが業界全体の利益を生み出している。

仕組みはわかるけれど、違うよなって思いがあって。僕のような規模だと、お客さんの顔が直接見えるから『あの子はこんな感じが好きそうだな』という服も作ることができる」

年に2回、新作発表会を開催して毎回70〜100アイテムを販売。ほかにも、東京・岡山・福岡・名古屋のセレクトショップ4店舗に卸している。各店舗での新作発表の折は、ワークショップを開催し、必ずお客さんと直接触れ合う機会をつくっている。

毎回厳選して調達した素材で制作してはTwitterで告知し、定期的に新作発表会を開く。好きになって通ってくれる人も少しずつ増える。このサイクルで制作を続けていると、さまざまな人の目に止まるようになってきた。

2012年は知り合いの個人ギャラリーが展示を企画してくれて、イギリスのロンドンファッションウィークに参加。翌年には東京の国立新美術館で行われた、若手デザイナーのブランドを集めたファッションショーにも招待された。海外のファッションブロガーから紹介されたことをきっかけに、取材依頼や海外からのお客さんも増えていった。

「僕のブランドを多くの人に知ってもらえるのは嬉しい。ただ、自分が関われる範囲を越えて規模を大きくしたいとは思っていません。自分たちの世界観を表現して、モノづくりの面白さをお客さんと一緒に体感していきたいです」

山杢さんのとある一日

- 9:00 起床
- 10:00 朝食
- 11:00 犬の散歩
- 12:00 ショップ開店
- 13:00 アトリエで制作をしながら店番、イベントなどの打ち合わせ、来客対応
- 21:00 閉店、ショップ、アトリエの片づけ
- 2:00 就寝

山杢さんの小商いのポイント

✓ 開店資金は40万円

現在の、アトリエと住居を兼ねた店舗を始める際にかかった費用は、敷金などの引越代のみ。建物は自ら改造し、工事費などの出費は必要最低限に抑えた。

✓ リメイクを重ね技術と知識を習得

当初、服飾に関する専門知識はほとんどなかったため、古着や生地をツギハギするリメイクからスタート。収入とともに技術や知識を習得していった。

✓ 定期的にワークショップを開催

鞄や帽子を作るワークショップを月に2、3回開催。直接収益を得られるほか、お客さんとの交流の場としても重要。外部で「リメイク講座」の講師もしている。

小商いスタート時の収入・生活

2010年に日本橋にアトリエを構えるまでは、実家を作業場としていたため家賃はかからなかった。nusumiguiを始動させる前までは、倉庫での商品管理やパン屋でのアルバイトで稼いだ資金で、必要だった古着や生地を調達していた。

[nusumigui]

東京都墨田区文花2-6-10

http://nusumigui-himitunokiti.blogspot.jp　@shop_nusumigui

山杢勇馬／1988年千葉県生まれ。高校卒業後、独学で古着をリメイクし洋服を作り始める。「ここのがっこう」で学んだ経験などを活かし、現在はすべて手作業によるオリジナルの洋服・小物を制作。2012年9月に築50年の物件を自ら改造した店舗兼アトリエをオープン。

蒔絵師

金兵衛

横田《よこた》 朋子《ともこ》 さん

「伝統の技を人々の生活に活かす」

修業で培った漆工芸や蒔絵の技術をベースに、
作品と出張教室やイベント出店などを
組み合わせていくことで、
そこからさまざまな仕事が派生する。

歯科技工士から蒔絵職人に弟子入り

神奈川県葉山町の高台にある、見晴らしの良い一軒家。その庭の一画に、6畳ほどの小屋がある。ここが、蒔絵《まきえ》を主軸に、金継ぎや漆の塗り直し、仏具の修復などの漆工芸を生業とする、横田朋子さん（41歳）の工房だ。

「蒔絵は、漆器の表面に漆で文様を描き、その上に金粉や銀粉を蒔いて、装飾を加える伝統工芸です。一口に蒔絵といっても、『高蒔絵』『研ぎ出し蒔絵』『螺鈿《らでん》』など、さまざまな表現技法があるので、いろいろ組み合わせて、オリジナルの作品を作り上げていきます。例えば、『螺鈿』はアワビ貝の内側の、真珠層を薄く削り、それを用いて加飾する技法をいいます。ほかにも、いろいろあるのですが、説明すると、きりがないので……」

一方の金継ぎは、割れたり欠けたりした陶磁器を漆で接着し、継ぎ目に金粉を蒔く修理法のこと。室町時代に、茶道の世界で始まったとされ、単なる修理ではなく継ぎ目を「景色」と呼んで、新たな美を見出し、楽しむものだという。

10代の頃から古い日本画が好きだった横田さんは、たびたび美術館に足を運んでいた。その企画展で出会ったのが蒔絵だ。今から20年ほど前のこと。

「当時、歯科技工士として働いていました。もともと細かい作業は好きでしたので、やりがいがないというわけではなかったけれど、より興味のある、制作中に面白いと思えるものを作りたい、って」

心の中で、蒔絵への思いがどんどん強くなっていった。悩んだ末に、蒔絵を本格的に勉強するため京都の専門学校へ入学することを決意。

「学校に2年間通い、卒業後は葉山の実家に戻りました。アルバイトをしながら、横浜の蒔絵教室に週一で通っていました。

そんなとき、京都の学校でお世話になった先生から連絡がきて。『働きながら勉強するつもりで来てみないか』と誘われて、また京都に行くことにしたんです」

修業はもちろん厳しいものではあったが、技術のレベルアップを格段に実感できるものだった。2度目の京都での修業は4年ほど続いた。その後、横田さんは自宅のある葉山に戻る。

「帰郷後は、自宅で蒔絵や金継ぎの仕事を近隣から細々と引き受ける生活が3年くらい続いたでしょうか。そろそろ本腰を入れてやろうかなと思ったのが2013年。『金兵衛《きんべえ》』という屋号で出張教室を開いたり、イベントに参加するようになりました」

高価な材料を無駄にしないよう集中的に作業

本腰を入れるにあたり、まずは作業スペースの確保が最優先事項だった。

「漆はかぶれをおこすため、家人をかぶれさせないように専用の場所を作らなきゃと思って、実家の庭の空いているところに小屋を建てることにしました。費用はだいたい100万円かかったかな。

あと、漆を乾かす――本当は乾燥ではなく〝酸化重合〟というのですが――、化学反応を起こして、硬化させるために漆室《うるしむろ》と呼ばれる箱状の器具が必要で。実家の納戸にあった布団入れの木箱にアクリル板をつけて、自分で制作しました。ほかには、加温や加湿の調節ができるよう、専用のものを揃えるとものすごく高いので、3000円ぐらいで購入した結露防止ヒーターを中に入れて調節できるようにしました」

筆や刷毛《はけ》といった専用の道具は、1本1万円以上と高価なうえ、さまざまな種類を揃えておく必要があるが、「学生時代から少しずつ買い揃えていったり、工房を去る際に、師匠から基本セットをいただいていたので、自分好みのものをときどき買うぐらいです。むしろ、小屋に取り付けたエアコンのほうが大きな出費でした(笑)」

上：蒔絵のオーダー品。引き渡しまでに半年ほどかかる見込み　下：アワビ貝のどの部分が最適か、考えながら切り取っていく

初期投資として設備や道具などの費用はかかるが、いったん揃えてしまえば維持費は多くはかからない。むしろ、原価となる材料費が悩みの種だ。

「漆も金も年々値上がりしていて。特に金粉は、10年前からすれば、今は約3倍もします。漆を塗ってすぐに金粉を蒔くと、金粉が漆の中に沈んでしまう。塗るのに時間がかかって漆が乾き始めると今度はうまく金粉がのらず、漆を塗るところからもう一度やり直さないといけない。当然、その分費用がかさみます」

蒔絵や金継ぎの作業をするときは、誰にも邪魔されず集中して取り組みたい。最後の塗りでは、ホコリひとつ入るのも許されない。だから納期が迫っているなどの特別な理由がなければ、来客も電話もほとんどない17時頃から作業を始めることが多くなった。

「あと10分で蒔くタイミングというときに、お客さんが来ると困るんですね。空室《からむろ》に入れて、重合を遅らせることはできますが、漆の具合も見なければいけない。夜に集中してやるほうがはかどります。でも日付が変わる頃には切り上げるようにして、あまり無理はしないようにしています」

午前中は掃除や打ち合わせ、出張教室。午後になってから手を動かし始め、木工や竹細工といった新たにチャレンジしている制作の時間にあてることが多いそうだ。

お客さんとのコミュニケーションが何よりも重要

横田さんが修理を請け負うのは、小皿のような小さなものから地域で大切に祀られている仏像まで、サイズもジャンルもさまざま。お皿が割れた、欠けたという軽微な破損の修理品は絶えず手もとにあるし、仏具や仏壇の修繕なども年に2〜3件はある。複数の品を同時進行で手がけるため、金継ぎはひと月に10〜20点ほど。漆器に家紋を入れるなど通常の蒔絵だと10点ほど、凝った蒔絵や比較的大きな修繕だと数点を抱える状況が続いている。

価格については、陶磁器の金継ぎは割れなら数千円など、目安の金額を決めている。一方、漆器や仏具、仏壇など漆塗りの修繕の場合は現物を見ないと作業量が判断できず、ときにはやってみるまでわからないこともある。金額を事前にはっきり伝えられないケースが多いので、お客さんと直接会って説明し納得してもらい、丁寧に仕事をしていくことが重要になってくる。

「蒔絵などの漆工芸も金継ぎも、ひとつの工程を終えたらしばらく硬化のための待ち時間が必要になります。だから金継ぎは縁の小さなカケでも最低3カ月くらいはかかってしまう。冬は寒くて湿度も低いため、さらに硬化の時間が必要。そういう事情をわかってもらえないときには、時間がかかりすぎるんじゃないかと誤解を受けたりもしますが、工程をきちんと説明するように心がけています」

特に宣伝をしているわけではないのに、噂を聞きつけたり紹介されたりで、いつの間にか少しずつ依頼品が集まるようになった。その中でも、困難を極めたのが、数年前に受けた、地域で大切に祀られてきた木製の仏像の修繕。漆を塗り直した後に、金粉を蒔いて終了かと思いきや、まさかの事態に直面した。

「古い漆面を剥がすとちょっと触れただけで、ボロボロと崩れてしまうところが出てきて。炭化していたんですね。火事に遭ったことは聞いていましたが、まさか仏像本体にも被害が出ていたとは思いもしませんでした」

修繕の予算は無限にあるというわけではないので、限られた金額で何ができるかを考えながら、ちょっとずつ手をかけていった。そのとき、依頼主さんは仏像とともに材料費をあらかじめ託してくれていた。

「これくらいの規模の修繕の場合、先にちょっとでもお支払いをいただかないと、そもそも修繕のための材料が買えないということに、そのとき初めて気づいたんです！」

完成までには2年を要し、作業内容をまとめた資料は紙の厚みが2㎝にもおよんだ。

上：漆プリントの作品1500円〜も作っている。簡単にオリジナルが制作できるとあって、好評　下：作業小屋は外からホコリが入らないよう、開口部が小さめ

「修繕の仕事って、自分が職人として、前に直した職人さんのバトンを受け取るのと同時に、将来、また修理が必要になったとき、次に修理をする人にどう修繕したかがわかるように受け継ぐことが大切だと思うんです。次に直す職人さんのことも考えて、きちんと仕事をして、バトンを受け渡す——。そんなことを思いながら資料をまとめていると、どうしても厚くなりました」

風通しの良い、葉山近隣の人脈を活かした創作活動

横田さんは現在、金継ぎや漆、蒔絵の依頼を引き受けるほかに、イベントにも精力的に出店している。

「工房での修業後、葉山で知り合った方の紹介で、イベントに出店することになりました。ワークショップや商品の販売を通して、もっと多くの人に金継ぎや蒔絵のことを知ってもらえればと思っています」

２０１４年3月、葉山や鎌倉で人気の飲食店・雑貨店が30店以上集まった「までいなマーケット」に初出店。横田さんは、アワビ貝に模様を描き、木綿針で切り抜く蒔絵のワークショップを開催。終了後にチョーカーやストラップなど、体験者の希望の形に加工してから発送した。

　葉山以外にも、藤沢市の辻堂で毎月第一日曜に開催中の「SUNDAY MARKET」も、横田さんの主な活躍の場のひとつ。藤沢のほか、小田原や葉山から約20店が集まり、魚や野菜、雑貨が売られる地元住民に人気の市だ。ここではエコバッグやTシャツに漆のプリントを施して販売中。ゴム製の手彫りのはんこに漆をつけ、Tシャツやエコバッグの上に押すのだが、塗料として優れているため何度洗ってもプリントが薄くならないと評判だ。

「SUNDAY MARKETは、知人が出店していたので、紹介してもらいました。何度か顔を出すようになって、金兵衛の知名度がぐんと上がりました。漆プリントだけでなく、蒔絵や金継ぎの問い合わせも増えてきたように思います」

　交友関係を徐々に広げながら、日々制作に励む横田さん。蒔絵や金継ぎといった伝統技術をベースとして、ワークショップや教室を行ったり、また、地域のマーケットにTシャツやエコバッグなど小物を出店することで、より身近に感じてもらうよう工夫している。

「自宅の裏の竹を使ったペンケースとか、庭で見つけた玉虫の羽と木工を組み合わせたアクセサリーとか、広く浅くいろいろと。でも、自分はやっぱり蒔絵師。原点である蒔絵の仕事も増やしていきたいと思っています」

横田さんのとある一日

7:00 起床

9:00 打ち合わせ、
蒔絵・金継ぎの出張教室

12:00 昼食

13:00 木工の作業(屋外)

17:00 金継ぎや蒔絵の作業

19:00 夕食

20:00 金継ぎや蒔絵の作業、
図案のスケッチなど

1:00 就寝

横田さんの小商いのポイント

開業資金は120万円

作業小屋の建設に100万円、そのほかエアコンやヒーターの設置、漆室の改造費用など。筆や刷毛といった道具は学生時代のものをそのまま使用。

地元のジャンルレスなイベントに出店

伝統の技を身近に感じてもらうため、気軽に蒔絵体験ができるワークショップを開催。収益を得られるうえ、新たな依頼にもつながる。

実家・葉山の好立地を活かす

実家の敷地内に作業小屋があるため家賃ゼロ。鎌倉や逗子にほど近い葉山は海が近く、夏と冬の寒暖差が少ないため、漆を扱うのに適している。

小商いスタート時の収入・生活

職人時代、そして葉山に戻ってからやっていたアルバイトの貯金を切り崩しながら生活をしていた。実家暮らしのため、食事や家賃の心配がない。高額な費用がかかる大がかりな修繕・制作の依頼の場合は、材料費を先にもらって対応する(現在も同様)。

[金兵衛]

神奈川県葉山町上山口1409　tomoko.shell@gmail.com
http://www.facebook.com/kimbay.jp

横田朋子/1972年神奈川県生まれ。歯科技工士として数年働いた後に、蒔絵の専門学校へ入学。現在は、神奈川県葉山町で蒔絵を用いたオリジナル作品の制作、陶磁器や仏具の修繕、蒔絵・金継ぎのワークショップなど、伝統工芸の技を活かして活動中。

柿渋染め

ユルクル
小川《おがわ》いずみさん／弘瀬《ひろせ》剛敏《たけとし》さん

「古くから使われる素材で布雑貨をつくる」

もともと、手仕事は子供の頃から好きだった。
布屋さんで一目惚れしたかばん。
「自分でも作ってみたい」と調べてみると、
手順も材料も、驚くほどシンプルだった。

防腐剤がオリジナリティあふれる染物の材料に

県庁所在地の高知市から120㎞、車で2時間半。最寄りの鉄道駅からも30㎞以上離れた土佐清水市。柿渋染めのバッグやブックカバー、エプロンなどの制作・販売を行うユルクルの作業場は、温暖でのんびりした風景の広がる高台にある。

作業場といっても、平屋の民家を改装したもの。緑がまぶしい庭先では、茶色に染まった布がひらひらと、風に揺れている。

「学校に通ったり、師匠についたりして習った経験はなくて、実はまったくの独学なんです」と話してくれたのは、小川いずみさん(38歳)。高校卒業後に4年弱、高知市でOL生活をしていた時期以外は、ずっと地元の土佐清水で暮らしている。

日中は地元のパン屋で働いている。出勤前と退勤後の時間を利用して柿渋染めを始めたのは、2012年11月。縫い物や編み物など、手仕事は子供の頃から好きだった。出来上がったものは、友人にプレゼントすることはあったが、値段をつけて販売した経験はまったくなかった。

ある日、懇意にしている地元の布屋さんで、ひとつの布かばんに出会った。

「それが、柿渋染めの一点ものだったんです。触りごこちも色合いも気に入って、衝動買いしてしまいました」

柿渋の存在は知っていた。でもそれは、家具や建材に塗る防腐剤として。染料になるとは思ってもみなかった。「自分でも作れないかな、作ってみたいな」と思い、調べてみると、その手順は驚くほどシンプルだった。

「柿渋液は防腐剤用として、ホームセンターで売っています。それをバケツに入れ、布を浸したら絞ってを何度か繰り返し、最後に広げて天日で干す。これだけなんです」

例えば、同じ染め物でも草木染めだと、色素を抽出するために植物を煮出したり、発色を促すため金属成分を溶かしたり、さまざまな専門技術や手順が必要になる。それに比べると、柿渋染めは単純明解だ。

「日に当たると、柿渋に含まれるタンニンが紫外線と反応して酸化し、コーティングされます。干すのは1回につき2日続けて。日に当たるところと当たらないところで染めの色の濃さが変わってくるんで、裏返したりしながら。これをだいたい、5～6回繰り返せば完成です」

重ね染めをすればするほど色は濃くなり、丈夫になる。一方で、重ね染めによって、より硬く、バリバリとした手触りになってゆく。同じ布の中でも日の当たり具合が違うと、部分的に色の濃さが変わる。手順はシンプルだが、いろいろと工夫の余地があり、お客さんの細かな要望にも応じながら、一点ずつ丁寧に制作するのに向いているのだ。

「柿渋は、天然素材なら、基本的になんでも染められます。布や毛だけでなく、革も染められるんですよ」

しかも、色が落ちてきたら、染め直すこともできるのだとか。

「売ったらそれで終わりではなく、お客さんと長い付き合いができる。それも柿渋染めの魅力のひとつですね」

出張に持参していたバッグから販路が開ける

小川さんには、ユルクルを一緒に手伝ってくれているパートナーがいる。弘瀬剛敏さん(35歳)は、小川さんが働くパン屋の店主の同級生。ユルクルを始める前に、お店で顔を合わせるうちに仲良くなった。

弘瀬さんの本職はウェブデザイナー。ユルクルは、土佐清水という地理的条件ゆえに、販売や宣伝面で、ウェブの占めるウェイトが大きい。スタート直後からFacebookやホー

上右：柿渋液はバケツに入れ、素材全体に染み込ませる。余った分は保存し、後日使用できる　上左：干す前の絞り具合によっても仕上がり時の色の濃さが変わってくる　下右：基本的に少々の雨なら干しっぱなしでも問題ないとか

右：手提げバッグ（左5800円・右7800円）。いずれも布も糸もすべて柿渋で染めたタイプ　中央：藍染めの布と縫い合わせたブックカバー（各2000円）　左：昔ながらの足踏みミシンを、今も現役で使用している

ムページを立ち上げられたのは、弘瀬さんの知識と技術がなければ無理だった。アップする写真の選定、レイアウトや見せ方など、弘瀬さんの目が入ることで「ユルクルらしさ」が表現できた部分も多い。

弘瀬さんも土佐清水の出身。社会人となってからは関西で仕事をしていたが、「インターネット環境があれば、ウェブデザインの仕事はどこでもできる」と、2012年に地元の土佐清水市にUターンで戻ってきた。

とはいえ、得意先との打ち合わせや納品などのため、今も月1回ペースで関西方面へ出かけている。そのことは、ユルクルにとっても大きなプラスになった。

「関西に出張に行くときは、彼女が作った柿渋染めの布かばんをいつも持って行っていたんです。そうすると、取引先や友人達の中で、『それ何?』『いいね、欲しいな』と声をかけてくれる人が、ちょくちょく出てきた」(弘瀬さん)

ユルクルへの最初の注文は、そんな弘瀬さんの関西人脈を通じて生まれた、神戸にある雑貨も売っているギャラリーカフェ、farmhouse cafeで委託販売するための商品だった。

「ウェブショップをオープンするのは簡単なんですが、インターネット上で自分達だけでアピールしていても、最初はなかなか、気づいてもらえないんですよね。でもそれが、

farmhouse cafeで見た人が買ってくれたり、後日ウェブで注文してくれたり。買ったものの写真を、自分のFacebookページでアップしてくれたり」(小川さん)

そうやって草の根的に連鎖反応が広がっていくことで、柿渋染めもユルクルも、認知度を上げていった。

金銭的にも時間的にも身の丈の範囲で

ユルクルの二人は、屋号を掲げた当初からずっと、手書きの出納帳をつけている。

「まだ始めて2年弱ですけど、こうして見直してみると、いろいろわかりますね。始めて数カ月は売上がない(笑)」(弘瀬さん)

「半年たった2013年5月にようやく、初めての売上が立っていますね」(小川さん)

毎月かかる固定費は、家賃1万5000円と最低限の水道光熱費のみ。

一方、製造原価は、柿渋と布や革などの材料費のみ。毎月ではなく、半年に一度のペースでまとめ買いしている。例えば、2013年8月~2014年2月で見てみると、柿渋の原液が、20Lで2万5000円。幅1m40㎝×長さ10mの布が、7000円×2本=1万4000円。雑費を除けば、半年間にかかった製造原価はこの3万9000円のみ。

これらの材料をもとにこの間、エプロンやバッグ、ブックカバーなど計35個ほどを販売し、売上は約20万円だった。ここから家賃、1万5000円×6カ月分＝9万円を引くと、11万円が二人の手もとに残った。

二人はスタートした月は2万円ずつ、以後も毎月1万円ずつをユルクル用に積み立てている。あくまで自分達の身の丈に合った規模がベースの小商いなので、当然、借金などは不要だ。

また、先にあげたように、小川さんはパン屋店員、弘瀬さんはウェブデザイナーと兼業。二人とも本業は別にもちながら、空いた時間をユルクルにあてている。金銭的のみならず時間的にも、身の丈にあった範囲で、マイペースでユルクルを続けている。

田舎に住んでいる人こそ小商いを

「都会よりも田舎に住んでいる人のほうが、小商いには向いているんじゃないか」とは、弘瀬さんの弁。

地方在住者には、実家など住居が確保されていることが多い。また、定職についている場合、拘束時間が短く、自由になる時間が多い。都会のサラリーマンのように、終電間際まで仕事に追われることもない。家賃や生活費など月々の支出が、ずっと少なくてすむので、当然、ランニングコストも少額になる。

「この作業場の家賃、2DKの平屋一戸建て、庭付きで1万5000円ですよ。たまに関西の友達が遊びに来ると、『えー、日本でこんなに家賃が安いところがあるの！』って、みんな驚きますね（笑）」

弘瀬さんは別の意味でも、地方在住者に小商いをすすめたいと言う。

「自分の同級生達を見ていても、土佐清水では仕事がない。仕事がないから出て行くしかない、というのが現状です。だから、たとえ小さな規模でも、自分達の手でお金を得る手段を新たに生み出してゆくことは、とても意味があるんです」

もちろん、お金以外にもメリットがある。

「私自身、2年前に柿渋染めを始める前は、職場と家庭を往復するだけの、ごくごく普通の二児の母親でした。それがユルクルを始めてから、いろんな人達とつながるようになって」（小川さん）

2014年夏には、神戸市東灘区にあるfarmhouse cafeで、初めての個展を開くことが決まっている。

ユルクル・小川さんのとある一日

- 5:30　起床
- 8:30　作業場に到着、染色や縫製など
- 10:00　パン屋にて仕事
- 17:00　仕事を終え再び作業場へ、弘瀬さんとミーティング
- 19:00　帰宅
- 19:30　夕食
- 21:00　作業場へ、縫製など
- 23:30　就寝

ユルクルの小商いのポイント

☑ 開業資金は4万円

二人で2万円ずつ出し合って、必要最低限の道具と材料を購入。作業場を借りたのは半年後からで、それまでは家賃が発生しなかった。

☑ 特殊技能が必要ない手仕事

材料もどこでも手に入り、手順もシンプルで誰でもできる。時間や手間もかからない。それでいて、一つ一つ異なる風合いの出来栄え。

☑ ランニングコストが格安

田舎なので家賃が安い。柿渋や布など、素材はまとめ買いすれば格安だし、長期保存が可能で傷んだりしないのでロスがない。

小商いスタート時の収入・生活

時間的に本業に差し障りのない範囲で始めたので、収入は基本的に変わらず。開業直後からの積み立ては、黒字化した今も続けている。開業直後の数カ月は数万円補填することもあったが、以後は積立金と売上の範囲ですべてまかなっている。

[ユルクル]

高知県土佐清水市津呂28-3
http://www.yurukuru.com/　050-5857-9589

小川いずみ（1975年高知県生まれ）、弘瀬剛敏（1978年高知県生まれ）の2名で2012年11月開業。小川さんが染色や縫製を、弘瀬さんは宣伝販売や経営面をサポート。オーダーメイドがメインだが、全国4店舗に既製品の委託販売も行っている。

コラム――2

昔ながらの小商い 港町の「いただきさん」

香川県・高松の町を歩いていると、街角で魚を売る女性の姿にときどき出会う。地元で「いただきさん」と呼ばれる行商人だ。

いただきさんは高松を中心に、香川県一帯で見られる。元々は、漁師の奥さんが始めた副業。漁業は収入に波がある商売。一方、いただきさんはある程度の魚に関する知識があれば、女性一人でも始められる。現代のようにアルバイトやパートが一般的ではなかった時代、すぐに現金収入を得られる小商いとして、漁師町で盛んになるのももっとももだった。大正~昭和初期にかけての最盛期には、高松市内で300人以上いたというが、現在は30人ほど。多くが60歳以上だ。人それぞれだが、一年を通じて週2~3日ペースで、市内の10数カ所の出店場所を巡っている。

昔は桶をかついで徒歩でまわっていたというが、現在はリヤカーを改装したサイドカー付きの自転車を利用している人が多い。サイドカーには鮮度を保つために氷がぎっしり詰め込まれていて、その上に商品が並ぶ。そのほか、包丁やまな板、水など、商売道具が積まれた自転車は、100kg近くの重さになるとか。バランスをとりながら自転車をこぐのは、熟練の技術がいる。

いただきさんの朝は早い。5時30分から始まる、高松の魚市場のセリに顔を出し、仕入れ。7~8時頃にセリが終わると、市場の一画で下ごしらえ。自転車に積み込むと、食堂で朝食をササッと終え、9時前には町へ繰り出す。

市内を2~3時間かけて巡り、お昼頃に港へ戻ってくる。残りの

いただきさんのとある1日

日の出前からお昼過ぎまで。いただきさんの日常は、こんな風に流れてゆく。

5:30

高松中央卸売市場の朝。
独特の口調のセリ人の声が響く

7:45

切り分けたりアラをとったり、
出発前に下処理

8:20

積み込み。この日（3月下旬）の
仕入れはサバ、タイ、ヒラメ、
マコガレイなど

8:30

市場内の食堂で朝食

朝日を浴びながら
9時前には町へと出発

8:50

店先はまるで井戸端。
買い物が終わっても
ご近所同士で立ち話

9:30

サイドカー付き自転車は
人によって作りが
アレンジされている

9:45

タイとマグロを客の注文で
刺身に。お客さんが
持参したお皿に盛る

11:45

市場へ戻る。加工品や
翌日以降の準備など

12:45

片づけを終え終了

14:00

商品を加工用に下ごしらえしたりして、14～15時頃には、ひと通りの仕事を終える。

いただきさんの出店場所は、それぞれ決まっている。到着するとすぐに、常連さん達が集まってくる。その日のオススメや調理法を相談しながら、それぞれ注文してゆく。三枚におろしたり、刺身に切り分けたり、客の注文に応じた対応もその場で。「○○が入ったら取っておいて」と、次回の注文を受けることもある。

もちろん、一見さんでも購入できるが、お客は大半が常連。なかには数十年も利用している人もいる。家族構成や好みもたいてい把握していて、それが仕入れにも活かされている。

いただきさんは、自分で買い物に出かけるのが困難な高齢者にとっては、なくてはならない存在でもある。引退した人の出店場所を、別の人が引き継いだり。単なる売買だけではない、地域社会の中での人間関係が、自然と生まれている。売り手と買い手の信頼関係があってこそ、長年続いている小商いだといえる。

第３章

遊び心が仕事を生む

「役に立つ」だけではない商いの考え方

伊藤洋志

役に立つものやことができたら仕事になる、というのが仕事の原則ですが、それだけだと頭が固くなります。だって、効率だけを考えていたらお祭りなんてやらないだろうと思われます。それに、役に立つだけで品物が売れるわけではないのも事実。

そのへんは、正しいから広まるというわけではない、ということに似ていますが、逆に楽しければ広まるというのも世の常です。広く考えて、世の中が楽しくなることを考えつけば、それが仕事になるというパターンもあります。

これは完全に楽しさだけを売る仕事がある、というわけではなく、個人が仕事や商いをするにおいて要素として重要です。

たとえば、私は6月だけ梅を収穫しながら、作業の様子をレポートし、梅をネット販売しています。

ドンと大規模な産直サイトを立ち上げて販売するということではなく、Twitterや Facebookでうっかり見つけた人だけが買えるという、いわば「ネット行商」です。

投資をしないので段ボールは既製品を使っていますが、あるときから「長生きのため」と称して描いている墨絵のツバメと、梅の絵、産地の位置を示した日本地図を、段ボールの内側に描いて送るようにしていたら、受け取った人がそれを次々とFacebookに投稿してくれるようになりました。今では、どんな絵が来るのか楽しみで注文してくれる方も出てきました。

100円安く買うために、ネットで探して30分使うとか、そういう本末転倒な事態が多い現代社会ですから、価格とは違う軸があったほうが、買い物が楽しくなるのではないでしょうか。

ちなみに墨絵は、決して上手ではないのですが、手で描くものなので他人に同じ絵は描けないのが特徴です。

DJみそしるとMCごはんさんは、「多くの人が台所に立ちたくなるようなレシピの伝え方」を考えた結果、料理をしながら情報を得るのにうってつけの「音」に着目して、レシピをラップにした「くいしんぼうHIPHOP」をつくりあげました。そこにも、伝えたいことを楽しく伝えるという思想が感じられます。

そういう意味では、この章の小商いにおいて大事なことは、中身はもちろんのこと、伝え方の絶妙なさじ加減です。

「ゆるく自然な出会いの場をつくりたい」というミート部も、合コンとか相手を見定めるような、いわゆる婚活が苦手という方のために、丁寧に状況設定を考えてイベントを企画しています。このような企画は、ネーミングひとつで来てほしい人が参加しにくくなったりしますから、伝え方が勝負どころになります。

どんな参加者が集まるかも大事で、場所の雰囲気を乱すような人が紛れ込まない工夫をして、場合によっては参加をお断りするような勇気も主催者には必要です。

放浪書房の富永さんは「旅をしながら続けられる仕事」と考えて、移動本屋をはじめました。このお店を支えているのは、ソーシャルメディアで場所を告知するという毎回の出店に、イベント性が生まれる工夫や、革のトランクなどのディスプレイの雰囲気づくりです。

単に「移動する本屋さん」というだけだと、聞き流してしまいますが、そこに「おっ」と思わせる工夫を日々行っているのがポイントなんだなと感じさせるお店です。

ちなみに富永さんは、自分が出店するために開発した屋台が好評で、屋台の制作販売も小商いになっているそうです。小商いが小商いを呼ぶ。

1個の小商いを始めたら、それに関連した小商いが出てきます。「こんな小さい商い1個じゃ足りない」など、つまらないことを考えないで、まずは自分が面白いと思える小商いを1個やってみることをお勧めします。なるべく元手がかからないもので、まずは自分の遊びと思ってやってみたらいいと思います。

写真：佐谷 圭

移動本屋

旅する本屋 放浪書房

富永《とみなが》 浩通《ひろゆき》 さん

「路上から広がる新たな商い」

旅を続けたいから本を売る。
かわいく商品を並べたいから屋台を作る。
思いつきで始めたことが人に求められ、
すべての仕事が縁でつながっていく。

「本」と「旅」の2つの好きなものを商売に

道端に広げられたリヤカー付きの木製屋台と、革製の使い込まれたトランク。そこにズラリと並ぶのは、旅行記やエッセイなど、旅に関する本およそ400冊。移動式の旅本専門店「放浪書房」には固定店舗はない。ある日突然、どこかの町に現れる。

「お店を構えて客を待つのではなく、自分がお客さんのいる町へ出向く、というのが放浪書房スタイルです」と話すのは店主の富永浩通さん(35歳)。

放浪書房はその名の通り、全国を放浪しながら本を売り歩く移動式本屋だ。車に自分で作った木製屋台と本を積み込んで、町から町へと移動してゆく。ひとつの町で大体2～3日、路上や公園、ときには店の軒先を借りて屋台を広げて本屋を開く。

放浪書房を始めたのは2006年、28歳のときだった。高校卒業後はアルバイトで生計を立てながら、日本各地を旅していた。旅先でたまたま手にとった旅の本から読書の楽しさを覚え、自身の蔵書は増えるばかり。

「古物商の免許をもつ弟と一緒に、いずれは古本屋を始めるつもりだったんです。でも、固定店舗は家賃が高いので断念。そんなとき知人に、『旅をしながら路上で売ってみれば』

と言われたんです」

その提案は、旅好きの富永さんにはとても魅力的に思えた。

「旅を続けたいけれど、ずっと旅していれば資金はいずれ尽きてしまう。もし、旅先で稼ぐことができれば、いつまでも旅を続けられる、と思いました」

用意したのは、2万円で購入した革製の大きなトランク。自分が持っていた本を詰め込み、まずは地元の千葉県習志野市にある津田沼駅前の路上で、路上ミュージシャン達の間で古本屋を開いた。売れたのはたった1冊。にもかかわらず、「これでやっていける」となぜか自信をもってしまった富永さん。いよいよ旅する本屋の構想を実現化する。

津田沼駅前での初出店から数カ月後の4月、旅先で最初に店を出したのは京都の烏丸御池だった。

「オフィス街の路上の弁当屋の横で、ランチを買いに来る人達に本を売ってみたんです。そのとき、たまたま購入してくれた一人が、京都のテレビ局のディレクターさん。面白いと思ってくれて、すぐにテレビ出演が決まり『全国を回りながら本を販売している放浪書房さんです』と紹介されました。『全国を回りながら』どころか、京都が最初だったんですけどね（笑）」

翌日から、番組を観たという人が何人も店にやって来て本を購入してくれた。そのおかげもあり、この旅での売り上げは1日平均4000円ほど。そのまま京都市内で出店し続け、出発時は1週間分の旅費しか持っていなかったが、3週間近く滞在できた。

フットワーク軽く全国各地どこへでも

その後も1回につき2~3週間の期間で、全国各地へ出向いた。2014年4月までの8年間で、佐賀と長崎を除くすべての都道府県を巡った。

当初は、旅の本をトランクや防水コンテナに入れて、電車やバスで各地を移動していた。宿泊は現地で安宿を探すか野宿の場合も多く、寝袋や調理道具は常に持参する。ちなみに野宿の際も、銭湯に行くなどして入浴は欠かさない。接客するうえで清潔感は基本と考えているからだ。現在は、2年前に20万円で購入した中古の軽ワゴン「放浪号」で移動しており、宿泊は車中泊が多いとか。また、運べる本はトランク時代の約200冊から400冊ほどに増え、屋台も出せるようになった。

「放浪書房は、『せどり』という、古書店で売っている本を買って転売し、その利ざやを稼ぐ方法で主に商売しています」

路上で開店。屋台が登場してからは、しゃがまずに立って読めるのが女性客に好評

本の仕入れは、旅先の古書店でも行う。仕入れの基準はシンプル。富永さんが〝旅〟を感じられるかどうか。仕入れ値や、希少価値についてはあまり気にしていない。価格設定も富永さんの感性によるところが大きい。

「行き先や日数は、いつも思いつきです。『今回は海岸沿いに○日ぐらい行ってみよう』とか、出発前はおおまかにだけ決める。新しい町に到着したらまず、その町をリサーチして店を出せそうな場所を探すんです。それで、翌朝から本を並べ、店を始めます」

とはいえ、いつも順調にお客さんが集まるとも限らない。商品が本だけに、濡れると困るので雨の日は休業となってしまう。

「2013年の6月から、99日かけて千葉から松江まで行きました。福島から新潟に出て、そこから日本海側をたどって。3日に1日は雨で、出店できたのは延べ1カ月以下。お店を出せても、おまわりさんや公園の管理者に注意されて即撤去、なんてこともありました。1日数万円稼げた日もあれば、1冊しか売れなかった日もあるんですよ」

路上だけでなく、店の軒先や店舗内で場所を借りて営業することもたびたび。

「イベントや店舗の一角、軒先などに出店する時は、呼ばれて行くことが多いです。ホームページに『出店場所募集中』と出しているんですが、それを見て連絡をくれるんですよ」

最近では雑誌や新聞に取り上げられることも増え、それを見て興味をもってくれた人や、旅先で出会った人が、TwitterやFacebookから依頼をくれることもあるという。

お声がかかれば（いや、かからなくても）全国どこへでも駆けつける放浪書房。そうやって出向いた先で新たな出会いがあり、そこから次の出店先につながることも。行き先やイベントへの出店などはTwitterでリアルタイムに確認できる。

放浪スタイルから生まれた新たな商い

富永さんは現在、放浪書房を続けるうちに縁あって生まれた、2つの商売も行っている。

ひとつはアドコラージュシールの制作・販売。アメリカの古い雑誌やポスターの広告を切り貼りして作ったコラージュシールは、「タイムアドベンチャーレコード」という屋号を使って、放浪書房とは別に店を出している。始まりは、放浪書房として関西を訪れた際に、現地で知り合った古書組合の人から古いアメリカの広告の束を大量に譲り受けたことだった。気に入った絵柄を切り取り、シールに加工。今では、期間限定ショップとして東急ハンズに出店したり、アドコラージュ作りのワークショップを行ったりもしている。

もうひとつ、2013年から新たに始めたのが、小商い用の屋台「コアキーナ」の販売だ。最初は自身が主催する古本とアートクラフトの販売イベント「ふるほん日和」のために、試しに作った屋台だった。外枠と棚があるシンプルな作りの屋台で、人ひとりが立てるぐらいの大きさ。木材にペンキと着色剤を塗り重ね、それをわざと削ってエイジング感を出すことでアンティーク風にしている。軽自動車にも載る折り畳み式だ。

「かわいらしく店を出してもらいたくて、屋台を6台作りました。イベント自体は中止でしたが、作った屋台を知人のカフェや雑貨屋に無料で貸し出すことが決まったんです」

無料レンタルで、試しに使ってみた店からの評判は上々。うち3台はその後、すぐに購入してもらえた。コアキーナを購入したお店のひとつ、墨田区押上にあるカフェ ikkA《イッカ》 では、店内や野外イベントで大活躍しているという。

ikkA店主・豊島さんはこう話す。「毎年隅田川花火大会では、店頭にテーブルを出してドリンクを販売しているんですが、2013年はコアキーナで出店しました。大雨で開始から30分ほどで中止になったにもかかわらず、売り上げの最高記録を出したんですよ」

通常の屋台とコアキーナの違いは一体どこなのだろうか。

「屋台があるだけで〝店舗感〟が出るんですが、洋風でアンティーク感のあるコアキーナは、ディスプレイ次第でさらにかわいさが加わる。出店者の個性も出せます。かわいいも

上：コアキーナの組み立ては工具不要。1台ならば5分程度で出来上がってしまう　下左：車から下ろした屋台や本、看板を台車に乗せて引っ張って開店場所まで移動中　下右：都内のイベントにレンタルしたコアキーナ。店名やチョーク看板、メニューは富永さんによる手書き（メニューの文字入れは有料）

のって、絶対ウケるじゃないですか。屋外イベントであっても、お客さんの財布のヒモをゆるめるのに、お店の雰囲気はとても大きな効果があるんです」

これから店をやってみたいという人の第一歩にも、コアキーナはぴったりのツールだ。

「子供の頃、お店屋さんごっこをしませんでしたか？　そんな感じで、遊び心満点で店を出せる。コアキーナは、大人がお店屋さんごっこを楽しむための道具でもあるんですよ」

現在、コアキーナは1台5万2290円で販売するほか、1日1台5400円でレンタルも可。オーダーメイドも受け付けている。購入者やレンタルをした人のもとまでの運搬や設営も富永さん自らが担当（別途応相談）。商売やディスプレイのアドバイス、購入後の塗り替え、修理などのフォローも行っている。

複数の仕事でそれぞれ少しずつ稼ぐ

「僕は『放浪書房』『タイムアドベンチャーレコード』『コアキーナ販売・レンタル』の3つの商売を平行してやっています。これらでうまく稼いでいきたいと思っています」

ひとつの商売で月30万を稼ぎ出すのは難しい。しかし、月10万ぐらいならなんとかなる。放浪書房があまり出店できない月も、ほかの2つの商いが補ってくれる。ひとつひとつの売り上げが偏っても、3つの商売でバランスがとれていればいいというのが彼の持論だ。

「僕の考える小商いはいずれも、『小時間』『小スペース』『小収入』がモットー。ほんのちょっとの余っている時間を使う。大きいスペースは家賃がかかったりするので、路上や屋台などで無理せずに小スペースで。そして大切なのは高い収入を得ることを目指さない」

そして、〝小スキル・小センス〟があれば充分なのだという。

「何かひとつでも得意なことがあれば、それを活かせればいいと思っています。放浪書房もコアキーナも、自分ができることから始めた商売です」

いずれは、これから商売を始めようという人達を、あと押ししたいとも思っている。

「路上販売のためのワークショップもしてみたいです。何を売るか、どんな場所がいいか、どんなふうに屋台を飾りつけるか。もちろん、実際に販売してみるところまで。自分の知識と経験を活かしてアドバイスしてあげられたらと思います」

それに役立つのが、自らが開発したコアキーナなのだ。

もちろん今後も、放浪書房はいろいろな人と出会いながら各地を転々とする予定だ。

「先日は、とある旅行会社から『店の前に出店しませんか』という話を頂きました。まだ実現はしていないですが。そんなふうに、他業種ともどんどん関わっていきたいですね」

富永さんのとある一日

- 7:00　起床
- 10:00　出店場所付近の駐車場探し
- 12:00　車から荷下ろし、出店場所へ移動、屋台設営
- 13:00　開店
- 17:00　閉店（暗くなったら終了）、屋台撤去、車へ積み込み
- 22:00　仕入れた本のクリーニング、ビニールがけ
- 23:00　本を読みながら就寝

富永さんの小商いのポイント

☑ 開業資金はトランク代だけ

商品となる本を運ぶために、革のトランクを約2万円で購入。本は以前から少しずつ集めていたので、開業にあたり特別な仕入れは不要だった。

☑ 店の軒先を活用する

路上や公園は撤去の恐れがあるが、店の軒先は店主の許可があれば問題なく店を開ける。現在はSNSを通じて店側からの出店依頼も多い。

☑ 移動販売は車で行う

6年近く電車やバスで各地を移動していたが、2年前に中古車を購入。一度に運べる本の数は倍近くに増え、さらに快適な車中泊も可能となった。

小商いスタート時の収入・生活

放浪書房を始めてすぐに、手先の器用さを活かし、携帯デコレーションのアルバイトを開始。毎月1〜2週間ほど全国の東急ハンズに派遣され、店内で実演販売を行っていた。バイト終了後もしばらくは同じ町にとどまり、放浪書房として出店もしていた。

[旅する本屋 放浪書房]

全国のどこかを放浪中

http://horoshobo.com　@horoshobo

富永浩通／1978年千葉県生まれ。放浪書房店主。古本マーケットイベント「ふるほん日和」主催。2005年より放浪スタイルの本屋を始める。現在は、そのほかアドコラージュシールの販売や、小商い用屋台「コアキーナ」販売も行う。

ミュージシャン

DJみそしるとMCごはん

「好きだった音楽と料理を融合」

「おいしいものは人類の奇跡だ!」をテーマに料理レシピをHIP HOPにのせて紹介するユニークなラッパー。その誕生のきっかけは大学の卒業制作にあった。

母親の一言がきっかけで女子栄養大学へ進学

料理のレシピをゆるやかにラップで紹介する、独特のスタイルが人気のミュージシャン、DJみそしるとMCごはん（24歳）。女性一人のアーティストだ。トラックやリリック、ミュージックビデオまで、すべて自らが発案して制作。ライブでは手製の料理を観客とともに作って振る舞うなどしている。

「料理名にDJとかMCをつけるとかわいいな、と思って名づけました」

そんな彼女がHIP HOPを始めたきっかけは、大学にある。高校卒業後は、女子栄養大学栄養学部食文化栄養学科へ入学。しかし、とりわけ料理が得意というわけではなかった。

「ある時何気なく、料理好きの母が『おいしいものは人類の奇跡』と言ったことがあったんです。それを聞いて『これだ！』と直感しました」

母親の一言がきっかけで、女子栄養大学について調べてみると、栄養学や料理技術だけではなく、食にまつわる社会学や料理写真の撮り方、文章の書き方などの授業もあった。

「昔から音楽や絵を描くことが好きでしたが、創作活動だけで食べていくのは難しいと思っていました。でも、料理ならば実践的に役立つ一方で『盛りつけは絵を描くことと同じ感覚かも』『包丁のトントンって音は、音楽に聴こえるかも』なんて思いもありました」

卒業制作で誕生した「くいしんぼうHIP HOP」

「大学では食・料理に関することなら全般的に学びました。当時ヒットしていた『男前豆腐』にならい、かまぼこをブランディングするなんてテーマもあったんですよ。かまぼこの踊りを考える子がいたりして、楽しかったです」

大学は入ってみると、予想以上にクリエイティブな授業が多かった。ゼミは、既存の料理のあり方から一歩先に進み、モノではなく新しい料理の考え方を作っていく、ビジュアルコミュニケーション研究室に所属した。

「3年生になって卒業制作を始める前に、ゼミ担当の平野先生から『どうせなら世界を変えるものを作ってみたら』と言われたんです。熱くてユニークな先生でした」

〝DJみそしるとMCごはん〟の、そもそもの動機は「人類の奇跡」であるおいしいものを、自分自身で楽しく作りたい、と感じたことからだった。

「料理を作る際、テレビの料理番組や本のレシピを見ながらだと不便なことが多いんです。自分のペースで作れなかったり、料理本を汚してしまったり。ネットでは大事なコツが省略されていることも多い。それに、ビーフストロガノフやアクアパッツァのようなオシャレな料理のレシピは次々と増えていくけれど、食べる頻度が高い家庭料理のレシピこそ必要だと思ったんです」

そこで、いろいろと考え、ひねり出したのが料理と音楽の融合だった。

「音楽ならば持ち運べるし、情報が目ではなく耳から入ってくるので手もとにも集中できる。音楽自体を楽しみながら、料理ができるなと思いました。音楽はジャンルを問わず好きで、高校時代まで吹奏楽やエレクトーン、バンドをやっていたので、今までの経験が活かせるかも、と思ったんです。でも、HIP HOPは未知だったので大変でした」

さまざまな音楽のジャンルがあるなかでHIP HOPを選んだ理由は、メロディや字数に制限がなく、韻を踏むことによって頭にリズムを残せるから。そしてなにより、歌が苦手だったから。ラップであれば、リズム感さえあれば歌えそうだと思ったという。

「ラップなら言葉のリズムで材料の分量をはじめ、炒める時間、ひと肌程度に温めるんですよとか、さらには料理に対する愛情が伝えやすいと思いました。例えば、面倒そうな海老の殻むきも『海老の身をホーミタイトに包む殻を取るよ』と歌えば、楽しくなるんじゃないかな、という気がしたんです」

上：2013年秋、香川県小豆島で行われたライブ＆ワークショップ。地元の素材を使って参加者とおまんじゅうを作った　下左：『ショートケーキ』ミュージックビデオのワンシーン。使用した多くの小物は手作り　下右：2013年冬にリリースした、メジャーデビュー盤『おりおりのおりょうり～X'mas～』（通常盤）

こうして3年生の半ばより、卒業制作「DJみそしるとMCごはん―くいしんぼうHIP HOP―」がスタートした。当初、HIP HOPに関する知識はほとんどなかった。

おいしいものにターゲットは必要ない

一見、ニッチなところを狙っているように見えるDJみそしるとMCごはんの活動だが、特定のターゲットはないという。

「テーマを発表したときに、多くの先生から『ターゲットは?』と聞かれたんですが、おいしいものは、みんなのものです。だからターゲットは必要ないと思いました。音楽も同じで、性別・職業・年齢を越えてみんなが楽しめる。むしろ、送り手がターゲットを定めて人の購買意欲や好みをコントロールすることに違和感がありました」

実際の制作前に、企画主旨をほかのゼミの先生たちに伝えるとさまざまな質問や突っ込みが入った。そもそもHIP HOPに親しんでいる人が少なかったこともあり、内容がよく理解できなかったようだ。それでも、平野先生は「面白い。やってみたらいい」と背中を押してくれた。

大学のMacに入っていたソフト、Garage Bandを使ってサンプリングや打ち込みを行い、見よう見まねで曲を作った。

「完成曲をゼミで披露したら、同じ研究室の仲間や先輩が面白がってくれました。このテーマに取り組む自信にはつながったけれど、まだ、その段階ではHIP HOPにはほど遠く、トラックはスカスカでした。サングラスをして格好をキメてみたり、レシピにHIP HOPスラングを入れてみたりして、得意げになっていただけでした」

それからいくつもラップの歌詞を読み込み、韻の踏み方や言葉のタイミングを研究。HIP HOPで使われる手法や音を調べて可能な限り取り入れた。そして1曲完成すると、そこからはふっきれた。既存のHIP HOPのイメージにこだわらず〝くいしんぼうHIP HOP〟として、「レシピを伝えるための音楽を作ればいい」と思えるようになったという。

自分の声に限界を感じ、友人に助けを求めた

自分の声だけでは表現力が乏しく、曲にメリハリをつけるため、歌が上手だったり声に特徴がある友人に出演協力をあおいだ。さらにはプロモーションビデオも制作。構成を考えて絵コンテを描き、友人への出演交渉、衣装やメイクも考え、映像編集まで行った。

「出演してもらう友達の衣装や髪型も考えました。ビジュアルを考えるのも好きだし、音楽にプロモーションビデオはつきものなので作らない手はないなと」

撮影と編集は大学の機材を使用し、全9曲のアルバム『Mother's Food』は完成した。曲のラインナップは主菜、副菜、デザートなどをバランスよく盛り込んである。選んだ料理そのものにも考えがあった。

「ピーマンの肉詰めやスクランブルエッグ、マカロニグラタンなど、オーソドックスな料理を選びました。珍しい料理は一時の流行で終わっちゃうけれど、家庭料理ならみんな人生で何度も作るだろうから、私のラップが何度も役立つのがいいなって」

歌詞は単に作り方だけでなく、「なぜ海老の背ワタを取る必要があるのか」など、食材の理解を深める知識も加えている。試行錯誤の甲斐あって、発表した作品は好評。YouTubeにもアップすると、じわじわと再生回数が増えていった。

「ゼミ以外の知らない人に見せるのは初めてだったので、再生回数が気になって夜も眠れませんでした。大人気になってNHKの『みんなのうた』に採用されたらどうしよう、とか妄想しちゃって。当時は、この企画がポータブルレシピとして機能したら面白いとは思いましたが、実際、ライブをすることすら想定していなかったです」

大学時代にはもうひとつ、彼女に大きな影響を与えることがあった。大学4年生の夏、東京・原宿のVACANTというイベントスペースの飲食ブース「VEGEしょくどう」で、インターンをしていたのだ。

「ファッションショーやトークイベントなど、さまざまな催しが行われていて、新鮮でとても面白かったです。ここで会社員以外の生き方をしている大人たちに出会い、いろんな人がいるんだなと刺激を受けました」

人に自分のことを伝えておく大切さ

4年生の11月、春から続けていた就職活動はようやく実を結び、食器の卸会社から内定をもらった。DJみそしるとMCごはんは、卒業制作で完結。「私も名刺入れを買って、社会人になるんだなー」と思っていたという。

就職した会社で順調に社会人生活を送っていたなか、転機が訪れたのは夏。VACANTのスタッフからライブ開催の誘いがあった。インターン時代に、卒業制作でHIP HOPを作ったことを話し、You Tubeも見てもらっていた人だった。ライブをやってみると、その後は知り合いづてで有料音楽配信サイト・OTOTOYでの曲配信の話もやってきた。「私がライブをやるなんて、とも思ったんですけど、やってみたら楽しくて。OTOTOY

では、配信数に合わせてギャラをいただきました。初めて音楽でもらったお金です」

ひとつのライブをやると、そのライブを観ていた人から次のイベント出演の話が入る。マイク一本、一人でできる機動力も活きた。2012年9月には、京都造形大学・東北芸術工科大学で行われた「THE TOKYO ART BOOK FAIR2012」、10月は「シブカル祭。2012」、11月は「YOAKE – MUSIC SCENE2013」などに出演した。

「社長、私、実はラッパーなんです」

いよいよ忙しくなり、2013年3月に約1年間勤めた会社を退社。

「会社の社長に『私、実はラッパーなんです』って言ったら、社長はよく意味がわからなかったみたいです。でも、『1度きりの人生だから好きなことをやってみなさい』って」

同年7月には、大学時代の音源を使い自主制作で『Mother's Food』を、続けて11月にメジャーレーベルから、ミニアルバム『おりおりのおりょうり～X'mas～』をリリースした。

「1作目は、これまで応援してくれた人たちに感謝を込めて、ジャケットの形にもこだわりたかったんです。メジャーだとCDのサイズや表記に規定があるので、ジャケットをターンテーブル型にするために自主制作で発売しました。おまけにつけた醤油さしは、自分で合羽橋まで買いに行きました」

メジャーデビューした今も作品の作り方は変わらない。CDにつけるグッズやミュージックビデオ用の小物は、スタッフに手伝ってもらい手作りすることも多い。

彼女が音楽を続ける原動力は、曲を聴いた人が料理を作ってくれること。実際に卒業制作の展示を見た高校生が「ピーマンの肉詰めを作った」と報告してくれたことがあったという。聴くだけではなく、実際に作る人がいてこそ完成するのが、くいしんぼうHIP HOP。

「一口に料理レシピといっても、煮物や揚げ物、パスタなどジャンルはさまざま。最近作った『ショートケーキ』の曲は難航しました。お菓子づくりって、分量や加減をちょっとでも間違えると失敗しちゃうから。泡立て方の微妙な加減は、どうやれば伝わるんだろうって。聴き手が料理を作る姿を想像しながら、あれこれ悩みました」

最近は、ウクレレで料理漫談風のものをライブで披露するなど、新たな試みにも挑戦している。

「アイデアは、散歩の途中に生まれることが多いです。例えば、いつもよりひと駅手前で電車を降りて街を歩く。そうすると、新しい発想が浮かんだりするんです」

DJみそしるとMCごはんの とある一日

- 9:00 起床、布団を干して洗濯、朝食
- 11:00 ライブで使う料理の材料買い出し、つまみ食いしながら料理の仕込み
- 14:00 自宅を出発
- 15:30 リハーサル、料理を配る皿の買い出しなどの準備
- 19:00 イベント本番
- 23:00 帰宅、夕飯、入浴など
- 2:00 就寝

DJみそしるとMCごはんの 小商いのポイント

☑ 最初の作品制作費はほぼゼロ

大学の卒業制作だったため、機材は大学のものを使用。食材などの経費もゼミ費から支出。曲作り、映像制作すべてを自分で行ったために経費はほぼ0円。

☑ 持つべきものは友人

個性豊かな友人達がプロモーション映像に出演・協力。特別なギャラも不要なうえ、相談もしやすく、和気あいあいと作品作りに臨めた。

☑ 動画・音楽配信サイトでPR

始動当初、曲は動画共有サービス YouTube（無料）や有料音楽配信サイトOTOTOYで配信。プロモーションビデオも見られることで、作風も伝わりやすかった。

小商いスタート時の収入・生活

大学卒業後の約1年間は食器卸会社に就職し、給料で生活。プラスして音楽配信のギャランティがあった。仕事が休みの日にはイベントでライブを行うなどの活動を続け、認知度を高めていった。退社後すぐに、現在のレコード会社と契約した。

［DJみそしるとMCごはん］

http://misosiru.jp/　@D_M_M_G

DJみそしるとMCごはん／1989年静岡県生まれ。トラック、リリック、アートワーク、プロモーションビデオなどを自ら制作し、料理と音楽の新たな楽しみ方を提案。2013年冬、メジャーデビュー。「FUJI ROCK FESTIVAL」や「ARABAKI ROCK FEST.」、「シブカル祭。」など大型フェスにも参加。2014年春には、NHK Eテレの“音楽×料理”番組『ごちそんぐ DJ』に出演。

イベント運営

ミート部

中島《なかじま》 里佳《りか》さん／林《はやし》 茜《あかね》さん／

竹田《たけだ》 薫《かおる》さん

「ゆるい出会いの場は合コンへの違和感から」

イベントを楽しみながら仲間になる。既存の婚活パーティや合コン、街コンとはひと味違う出会いの場を提供する。

従来の合コンに対する違和感がきっかけ

〝江の島を散歩〟〝工場見学〟などのイベントを通して、新しいスタイルの出会いの場を演出するミート部。運営するのは、中島里佳さん（35歳）、林 茜さん（31歳）、竹田 薫さん（31歳）の3人の女性だ。といっても専業ではなく、それぞれが本業をもっている。

3人が出会ったのは2011年3月、「世田谷ものづくり学校」で行われている自由大学内の「ナリワイをつくる」講座。自由大学はITや出版、旅、働き方など、さまざまなテーマで講義を開催している。3人が参加した講座では、個人レベルで始められる「ナリワイ（生業）」のつくり方がレクチャーされ、おのおのがナリワイのアイデアを提案する、という内容だった。

中島さんは「自分を偽らない、背伸びをしない、無理のない環境での出会い」がコンセプトの「新しい形の出会いの場つくり」を提案。彼女はもともと、従来の〝婚活パーティ〟や〝合コン〟への違和感をもっていた。

「相手探しだけが目的の合コンって、会話自体も条件の探り合いになってしまうのが好きではなくて。私はもっと感覚を大事にしたいと思っていました。参加者は無理に自分を演

じているようで、『それで結婚してうまくいくのかな?』と疑問だったんです」（中島さん）

恋人や結婚相手を選ぶとき、年収や外見などの条件面よりも一緒にいるときの居心地や趣味・性格の一致のほうが大切だと考える人も多い。しかし、そういう人向けの出会いのチャンスが少ないと感じていた。

講座の仲間とともに勢いでプロジェクト始動

中島さんのアイデアに多くの賛同の声があがった。そこで、すぐさま講座期間中の4月に「ゼロ会」として、「ゆるく婚活を語る会」を開催。講座参加者らで意見を交換し合った。「イベント運営のリハーサルも兼ねて開催したんですが、とても盛り上がりました。参加者は何を求めているのかがわかり、これはイケると確信しました」（中島さん）

そんな中島さんを手伝っていたのが、同講座を受けていた林さんと竹田さん。

「『副業をもって、本業とは違う世界も見られたらいいな』という感じで受講していました。そして同じような考えをもつ人と何か新しいことがしたいと思っていたところ、中島さんと出会ったんです。彼女、実は急きょ来られなくなった友達の代役で参加していたのに、一番アツかった（笑）。彼女の考えていることに共感し、私も一緒にやりたいと伝え

ました」（竹田さん）

出会ってすぐの3人だったが、あっという間に意気投合。スピード感のある中島さんに対し、林さんと竹田さんはどちらかといえばじっくり考えるタイプ。

「私は人を引っ張っていくことは得意ですが、考えが堂々巡りになってしまうときがあります。それを2人がフォローしてくれる」（中島さん）

「話が煮詰まりそうになっても、3人だと誰かしら別の視点で意見が言える。2人だと平行線になることも多いけれど、3人ならバランスがとりやすいんです」（林さん）

ゼロ会での意見をふまえ、イベント開催に向けてミーティングを重ねた。それぞれ本業があるため、ミーティングのほとんどはSkypeで行う。途中で世間話や恋の話に発展することも多く、こういった雑談がアイデアにつながることもよくあるとか。ゼロ会の1週間後にはプロジェクトを〝ミート部〟と命名。ホームページやロゴは、デザインを本業とする林さんと竹田さんが作成した。

散策しながら参加者同士が自然と仲良くなる

2011年5月21日に、第1回目のイベント「江の島のんびり散歩＋ミート会」を開

鎌倉の裏山を計5時間ほどウォーキング。
その後はビールで乾杯（2012年10月／鎌倉・裏山・大人の冒険の会）

催。参加者は知人をはじめmixiやTwitterを介して募集した男女20人。4班に分かれて散策しながら、江の島の一番奥にある岩屋をゴールに設定した。どのコースで行くか、どこに立ち寄るかは班内で話し合って決めてもらうことにした。話し合いや共同作業を通して、自然と参加者同士が親しくなっていく、というのがミート部の目指すところだ。

散策やランチの間に何度か班替えをして、みんながまんべんなく話せるように工夫もした。その甲斐あって、参加者からはおおむね好評。

「少人数で和気あいあいとした雰囲気なので、みなさんリラックスして、いろんな人と話していましたね」(中島さん)

以降、不定期ではあるものの、月に一度ほどのペースでイベントを行っている。遊覧船で浅草に向かい散策をした「浅草昭和レトロを味わう会」。夜中に東京タワーを出発し、都心を散策して最後は晴海ふ頭で日の出を眺めた「真夏の夜散歩〜都心をgo through!」。高知県まで遠征した「土佐山イベント」など、趣向を凝らしたイベント揃い。

お出かけ系のイベントが多い一方、のんびりとお菓子を食べながらまったりと過ごす会も好評だ。2014年3月には都内の古民家を借り、参加者とスタッフでボードゲームを楽しむ「都心の古民家で、春の麗らかボードゲームバトル」を開催。

「古民家は雰囲気が落ち着いていてリラックスできる。『休みの日を仲間達と過ごす』といった感覚で開催したこのイベントには、ピッタリの空間でした」（竹田さん）

いつもイベント後は場所を移して2次会が行われる。お酒好きの中島さんをはじめ、メンバー同士で盛り上がり、そのまま3次会に突入することも多いとか。

男女問わず、出会いの場をつくる

「イベント参加者からメールや口頭で届くダイレクトな反響が一番嬉しいですね。その後どうなったか報告は義務づけていないので、全体の数字はわからないんですが、20件ほどカップル成立や結婚の報告を頂きました」（中島さん）

ミート部はあくまでも自主性重視。イベント中にアドレス交換用に使えるカードを配ることもあるが、それを渡すかどうかは当人次第だ。

「既存の婚活サイトには、イベント後に気に入った参加者へ連絡がとれるシステムがあったりするんです。1件連絡をとるごとに、運営側に手数料が入るような。でも、そういう風に仕切るのはミート部っぽくないかなって」（林さん）

ミート部では通常の婚活と異なり、同性同士も仲良くなることができる。2012年

4月には、ホテルの眺望のいいラウンジでアフタヌーンティーを味わう、同性限定のイベントも企画している。

「出会いを求めるのって、恋に関してだけじゃないんですよね。ミート部での活動を続けているなかで、仲間に出会いたい人もいるって気がついたんです。だから参加者をシングルに限定しない、参加条件なしのオープン企画も今後予定しています」（竹田さん）

スタートしてから4年目を迎え、イベント運営にも慣れてきた頃だが、参加料金についてはいまだに悩みどころ。

「イベントごとに料金を設定していますが、総合的な収支はちょっと厳しい状況です。でも、ゆるい感じで集まって欲しいので、あまり金額は上げたくないし……」（中島さん）

イベント単位で計算すると黒字だが、ホームページのサーバー代やスタッフの手間、交通費などの経費を相殺すると、現状の収支はトントンくらい。料金については試行錯誤の最中だが、イベントの回数は増やしていきたい。

「『こんな出会い方もある』ということを、もっといろんな人に知ってもらいたいと思っています。イベントの参加者からは、運営を手伝いたいと言ってくれる人もいるので、さらに輪が広がるようにがんばっていきたいですね」（中島さん）

上：ほおずき市開催の中、浅草の仲見世通りをブラリ（2011年7月／浅草昭和レトロを味わう会）　下左：女子3人組ならではの雰囲気が出したいと、ポップ&インパクトをテーマに林さんが作成したロゴ　下右：参加者全員で初めての蕎麦打ちに挑戦（2011年11月／蕎麦屋でしっぽり大人飲み・蕎麦打ち体験の会）

ミート部・中島さんのとある一日

8:00	起床
11:30	自宅を出発
12:00	会場最寄り駅着、途中、スーパーで飲み物や食べ物を買い出し
13:00	現場着、会場準備
14:15	イベント開始
17:00	イベント終了、2次会会場へ
18:00	2次会〜3次会
23:30	解散、帰宅

ミート部の小商いのポイント

☑ 初期投資は1万円

ミート部の立ち上げ時に必要だったホームページのサーバー代と名刺代。イベントごとにスタッフの交通費、会場レンタル、飲食代などがかかっている。

☑ 3人寄れば文殊の知恵

2人だと意見が食い違ったときに平行線になりやすいが、3人だと違う視点から意見が出る場合も多く、話し合いがスムーズにいきやすい。

☑ 世の中への疑問が小商いの種に

中島さんが以前より抱いていた合コンや婚活イベントへの違和感がミート部につながった。世の中への純粋な疑問や不満が商いのヒントになる。

小商いスタート時の収入・生活

ミート部での収益は大きくなく、3人ともに現在も本業の給料で生活している。ただし活動を続けるにあたり、持ち出しはほとんどない。中島さんは最近、本業の就業日を1日減らしてミート部の活動にあてており、今後、ミート部の割合を拡大していく予定。

［ミート部］

http://meetbu.com/　@meatmeet11

中島里佳（1979年東京都生まれ。法律事務所勤務）、林茜（1983年千葉県生まれ。名刺を中心に扱っているデザイナー・イラストレーター）、竹田薫（1983年東京都生まれ。メーカー勤務のデザイナー）の3名で2011年4月発足。ゆるく、ありのままの自分で参加できる、出会いの場を提供している。「出会い」をキーワードに、恋に関してだけではなく、さまざまなイベントも企画。

コラム──3

チンドン屋から学ぶ「遊び心」の大切さ

ど派手な衣装とかつらで太鼓や鉦《かね》を打ち鳴らしながら、街に出没するチンドン屋（チンドンマン）。新しい店がオープンしたり、イベントを行う際などに依頼を受けて、人々にPRして回る広告業だ。このチンドン屋には、小商いのエッセンスともいえるものがいくつか隠されている。

まず、仲間と組んでやることで「自分ができる範囲でできることをする」の延長線上に成り立っていること。チンドン屋は、太鼓と鉦を組み合わせたチンドン太鼓、ゴロスと呼ばれる大太鼓、そのほか、クラリネットや三味線などの楽器を演奏する楽士を中心に3〜5人ほどの編成で行われるのが一般的だ。編成が大きくなれば旗を持つ人やチラシをまく人も登場し、楽士の人数も増える。力もちの人は旗を持ったり、得意な楽器があれば演奏するなど、各自が得意なことをもち寄ればいい。

次に、「サービスの提供者も、提供される人も楽しくなれる」こと。チンドン屋をやるほうは、基本的にお祭り騒ぎのノリだから楽しい。情報を受け取る側の街の人だって、チンドン屋が街にやって来たら、大人も子供も家から出て行って、ワクワクしながら見物したに違いない。

現代ではあまり見られなくなったチンドン屋だが、実は今の時代、目指す人が増えているのだそう。あの手この手の巧妙な広告があふれ、かえって人の目にも心にも留まりにくくなっている現代、その対極ともいえる超シンプルでダイレクトなPRを繰り出すチンドン屋は、人々の目に新鮮に映り、広告効果も期待できるはずだ。「自分らしさ」をプラスした、新時代のチンドン屋を始めてみるのもいいかもしれない。

第４章

既存のモノに価値を見出す

価値提案型の小商いの勘所とは

伊藤洋志

昔はありふれていたものが、時代が変わって廃《すた》れたと思ったら、思わぬかたちでリバイバルする、ということはしばしばあります。

最近で有名なのは「ちぐら」でしょうか。

これは、私が学生の頃、民俗学の写真集を見ていたときに初めて知ったのですが、野良仕事の間に、田んぼのあぜ道などに赤ちゃんを置いておく藁《わら》のゆりかごです。

藁が分厚く編まれていて、屋根がついている家型のモノもあります。日差しよけになり、蒸れないから子供も涼しく眠れます。

素晴らしいものなのですが、さすがに現代では見かけません。過去の遺物になるのかなあと思っていたら、ここ数年「猫ちぐら」としてリバイバルしました。

猫は狭いところが好きで入るらしいのです。部屋に置いても美しく、今も生産を続けている「関川村猫ちぐらの会」では、数年待ちになるほどの人気になっています。

この第4章は、古いものをただ現代に復活させるという話ではありません。古いものを調べてみて、現代に活かせそうな部分を見つけ出し、さらに今の環境に合った使い方や販売の仕方をあみ出す。ここが大事なポイントです。

また、古いもの自体を少し改良しないといけない場合もあるかもしれません。

この章で出てくる、やきいも日和のチョウハシさん、弁当箱をフランスなどに販売するBento&coのベルトラン・トマさんも、それぞれまったく新しいサービスやプロダクトをゼロから生み出したわけではありません。時代の変化で忘れられていたものに対して、現代ならではの価値を見いだし、使えるかたちにして提示したところが特徴です。

とりわけ面白いのは、壺焼きのやきいもが廃れた理由が、現代においては逆に特徴になる、というところです。これに気づけるのは、むしろ知りすぎた人よりも、先入観がない若い世代や異なる文化出身の方の特権かもしれません。

そして、どちらもすぐにできる範囲で行動に移している。これは、小商いづくりすべてに共通する重要な考え方です。

古くて良いものを現代に合うかたちにつくり替える、というのはいつも仮説からスタートします。だから、まずは自分の手持ちの小さい元手で試せることをやってみて、可能性があるか自分の眼球で確かめないといけません。

一番いいのは、自分がまずはサービスの受け手になってみること。やきいもなら自分で焼いて食べてみれば一番わかりやすい。「こりゃうまい！」となれば自信をもって小商いを進めることができます。まずはそこからです。

また、「どう販売していくか」というのも忘れがちですが、本章のやり方では特に大事です。

「ちぐら」も昔の通り、子供がいる親御さんだけに販売しようとしていたら、消えていた可能性が高いでしょう。同じものでも「誰が何のために使うものか」を定義し直すだけで別次元の話になります。

これは、ベルトラン・トマさんに特に顕著な要素です。

いきなりお店を構えるのではなく、まずはネットで販売したり、移動販売からスタートするというのも、小商いの重要なポイントであることはこれまで見てきた通りです。

ちなみに、この章の考え方で世の中を見わたしてみると、素材がたくさんあります。ものすごく単純なケースだと、建具とか古道具とか。取り壊される建物では、建具も一緒くたにショベルカーでぶっ壊してしまいますが、中古建具専門店では、同じものがいい値段で販売されています。つまり、価値があるのに捨てられているということです。取り壊し前の、木サッシのアパートとかを見たら、チャンスかもしれません。

ほかにも銭湯、湯治場、県内でしか流通していない酒蔵の日本酒、醤油蔵、味噌蔵、それに各地の家庭料理のレシピ……。私は盆栽や書道もいいなと思っています。梅干しや梅酒なども。あと、最近では塩麹などもありました。

日々探していけば、こういった勘が鍛えられます。ぜひやってみてください。

壺やきいも屋

やきいも日和

チョウハシ トオル さん

「デザインを加え
蘇らせる」

古くて良いものを再発見し、
現代に活きるかたちにつくりかえる。
たまたま町で見かけたやきいも屋に、
その可能性を感じた。

やきいもを壺で焼く？

神奈川県大磯町の住宅街では、冬場になると高さ約1mの大きな壺を並べた、やきいも屋が登場する。従来のやきいも屋らしからぬ、このお店の屋号は「やきいも日和」。運営するのは、チョウハシトオルさん（34歳）。

「壺の底で煉炭をたき、縁に吊した針金にさつまいもをぶら下げて焼いています。やきいもといえば、今は石焼きが定番ですが、この〝壺焼き〟は、実は大正時代から昭和初期にかけて流行した焼き方なんですよ」

チョウハシさんが、この地で「やきいも日和」を始めたのは、2008年、29歳の時。もともとは、美術大学でインテリアデザインを勉強し、卒業後に都内の設計事務所に就職。2006年からは中国・北京に渡り、同業界で1年間働いた後、帰国してすぐに一級建築士の免許も取得した。

「日本に戻った時点で、もう会社に勤める気にはなれなかったですね。就職してからは、常に仕事に追われている感じがして、実際に設計した建物を使う側の顔もわからないし、一体誰のために働いているんだろうって。なので、このタイミングを機にフリーランスとして、自分のペースで、直接お客さんの顔が見られることをやってみようと思ったんです」

まず考えたのは、専門分野であったインテリアデザイン。ポートフォリオを作って営業に回り、フリーのデザイナーとして活動する。しかし、デザインをパーツとして提供するかたちは、自身が想像するスタイルとは少し違っていたという。

「あるモノにデザインの要素を盛り込んで、総合的にプロデュースしたかったんです」

そんなとき、町中でたまたま、やきいも屋を見かけた。

「実は僕、決してやきいもが好きで始めたわけではないんですよ。日本の伝統や文化が、単に〝古いから〟と、一方的なイメージで否定されているケースってありますよね。そういうものにデザインを加えて、また新しい可能性を世の中に提案できれば、とずっと考えていたんです。やきいも屋を見た瞬間に、『あぁ、これだ』と直感した。お客さんの反応がリアルに見られる、対面販売にも惹かれました」

実家暮らしであるチョウハシさん。「やきいも屋をやってみようと思う」と父親に話すと、昔は壺焼きが主流だったと教えられた。さっそく調べてみると、現在も愛知県常滑《とこなめ》市でやきいも専用の壺を作っていることが判明。また、その焼き上がりの質が高いことを知った。

「壺内に入れた燃料の熱による、遠赤外線効果で蒸し焼きにするので、石焼きに比べて、しっとり焼き上がるんです。ただ、一壺で12本ほど、1回焼くのに1時間もかかるため効率的ではなかった。商売としては衰退しちゃいましたが、僕はそこに贅沢さを感じました。とにかくひと冬だけやってみようと、気軽な気持ちで始めました」

壺を買った、まずは朝市で売ってみる

用意したものは、壺一つと煉炭とさつまいも、これらを運ぶリヤカー。そして、手作りの看板。常滑焼きの専用壺は、インターネットで10万円ほどで購入した。

地域に根ざした活動を念頭においたチョウハシさんは、まずは自身の出身地、平塚市の小さな朝市に出店。その後、隣町の大磯町で行われる「大磯市」に出店した。大磯市は、毎月第3日曜に大磯港で開催され、地元産の野菜や大磯港で水揚げされた魚、クラフト作品などの販売、ワークショップなど、地元中心に100店舗以上が参加する人気の朝市だ。

「初めのうちは、『こんなこともできます』と、デザイナー業についての看板も並べていました。今はやきいもの看板のみですけど(笑)。でも、グラフィック技術をもっていたことが、交流のきっかけとなったことはたくさんありました。名刺のデザインを頼まれた

上：黄金色に輝くやきいも。甘みが強く芯までしっとり、皮はパリっとしている　下：1回に12本のさつまいもを壺内で蒸し焼きに。焼き上がり後は壺の蓋部分に入れて保温する

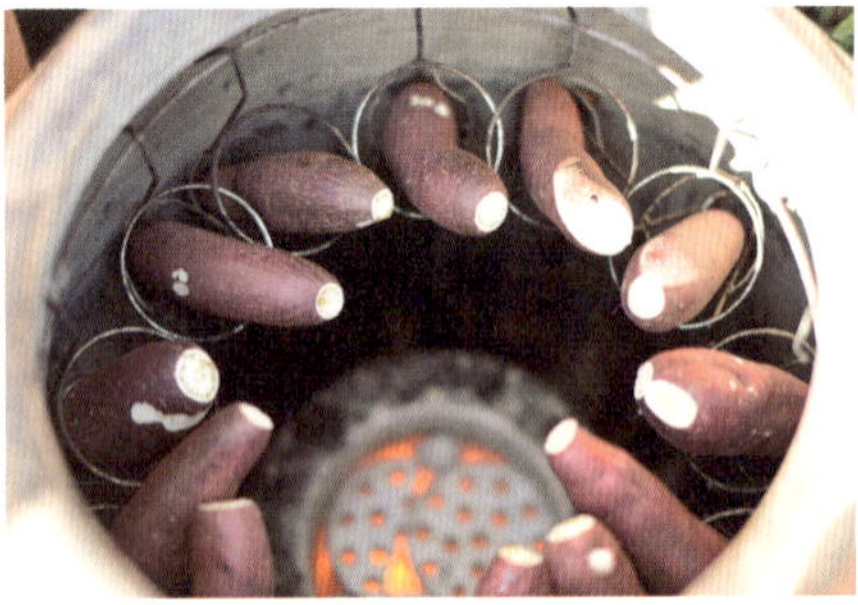

りながら、人の輪も広がっていきましたね」

現在、メインの出店場所にしているのは、JR大磯駅から徒歩6分の「OISO1688」。オーナーで、NPO法人・西湘をあそぶ会代表の原大祐《はらだいすけ》さんとは友人を介して知り合った。OISO1688は、もと歯科医院である築30年の建物をセルフリノベーションして2011年にオープンした「ソーシャル雑居ビル」。若い世代のアーティストや起業家らの支援や交流を目的としている。1階には大磯港で水揚げされた魚介を中心に扱うイタリアンレストラン「osteria《オステリア》 il《イル》 cielo《チエロ》」、2階はシェアオフィス、3階はギャラリーやカフェが入居する。


ビルの改修を手伝ったことから大磯を拠点に営業開始

二人が知り合ったのは、同ビルの計画が原さんのなかでまだ構想段階だった頃。二人で内見に出向き、契約後は壁の塗装や、天井・床の張り替えをともに行った。リノベーション作業をするなかで、「ここで、やきいも屋をやったら?」と、原さんからの何気ない提案があり、同ビルオープンと同時に軒下での営業を開始することになった。

やきいも日和の営業は、毎年11月~4月。平日のうち、2日間はOISO1688の軒下で、土・日曜はイベントに出店するのが例年のスタイルだ。価格は、時期や場所により変動するが、1本300〜400円程度。さつまいもは、時期によって茨城か千葉産のものを直接産地へ出向くか、地元の八百屋を通して市場で購入する。1シーズンで360ケース（約1800kg）が目安だ。仕入れ値を考えると、農家から直接購入したいところだが、農協とのつき合いなどから個人への出荷は対応してもらえないのが現実だとか。

「まずは、カットした煉炭を七輪に入れてバーナーで着火します。空気の循環を促すために手であおぐのは大変なので、この上に三角形の筒を乗せて、煉炭が赤くなるのを待ちます。筒は自分で作りました」

着火から約1時間後、煉炭がいい具合に燃えてきたら七輪ごと壺内へ投入し、さつまいもをぶら下げて1時間ほど蒸し焼きにする。

やきいものカナメは、壺内の温度調節。200℃を保つよう、温度計を取り付けて管理しているが、使用している壺は素焼きのため、表面から熱が逃げやすい。蓄熱性を高めるため、短冊状に切った習字用の半紙を、小麦粉を湯で溶いた手製の糊を使って、壺の外側に貼り付けている。

「本当は和紙が効果的みたいなんですが、値段が高いので代替品を考えました。それと、壺の蓋部分には、厚さ3㎜ほどの板を挟み、ちょっとだけ開けています。空気の循環が良すぎると温度が下がるし、密閉すれば煉炭が燃えない。段ボールを挟んでみたら、そのまま燃えちゃったりして（笑）。いろいろ試した結果、3㎜の板にたどり着きました」

このほか、やきいもを包む包装紙や看板、リヤカー、備品など、そのほとんどがオリジナルデザイン、ハンドメイドだ。試行錯誤を繰り返し、目指すかたちを探っていく。締め切りがあるわけでもなく、自分のペースで物事を自在に組み立てる。

売るだけではなく知恵も共有する

「さつまいもって秋のイメージがあるけれど、実は収穫直後はあまりおいしくないんですよね。湿度を保って上手に貯蔵すると、デンプン質がより分解されやすい状態へと変化していきます。そして、デンプンを分解するベータアミラーゼという酵素が活発に活動する温度帯に合わせて、壺焼きでじっくりと加熱する。これでより強い甘みを引き出せるんです。焦げないように、丁寧に焼いているので皮まで丸ごと食べられますよ」

知れば知るほど、やきいもの奥深さに引き込まれていくチョウハシさん。最近では、「焼芋家」として、「やきいも学」なる、おいしい学問を始めたそうだ。

上右：包装紙はシンプルなもの（写真奥）を中心に、イベントなどに合わせてデザインを変える　上左：来る前に連絡をくれる常連さんも多い。イベント出店時など多いときは1日200本の予約が入ることも　下：2013年に開催された「究極！ やきいも学」。各品種の特徴を学び、収穫後はみんなで食べ比べをして味を確かめる

「やきいも屋として、勉強のためにさまざまな品種のさつまいもを食べているんですが、全国各地の在来品種をはじめ、干しいもや焼酎の加工用品種など、この辺りの市場には出回っていないものが結構あります。だったら、自分で育ててしまおうと思い立って。

2013年に、友人が運営する茅ヶ崎市のコミュニティー農園・リベンデルで、『究極！ やきいも学』というワークショップを開きました。半年で全5回のコースに、大学生や子供連れ、おばあちゃんなど、35名の参加がありました。

品種の特徴や栽培法、やきいもの歴史などについて、僕の講義から始まり、苗植え、草取り、収穫、食べ比べ……と、さつまいもに関する一通りを体験しながら学びます」

栽培品目は、紅あずまや安納芋《あんのういも》、クイックスイートなど18種類。座学に使用するテキストは、チョウハシさん自らが作成した。チョウハシ先生はネクタイをしめて白衣を纏い、手作りの出席簿を携えて登場。わかりやすく、楽しませるような仕掛けを常に忘れない。

第1回目は試験的な意味あいもこめて、全5回で8500円、18歳以下は無料。目先の儲けは度外視だが、教える側のチョウハシさんにとっても新たな発見が多かった。2014年度は、栄養学などを追加しバージョンアップして開催（全6回1万2000円）する。

2008年の営業開始から6年目を迎えた「やきいも日和」。現在もOISO1688の2

階のシェアオフィスの一角を借りて、空いた時間にデザイン業も行っている。やきいも屋のオフシーズンには、デザイン業に加え、知り合いの大工さんの手伝いや内装も請け負う。

「やきいも屋を始めてから、鹿児島県種子島のさつまいも農家の方と知り合ったんですが、今年は苗を植える5月に、住み込みで1カ月ほど手伝いに行ったんです。とても勉強になったし、楽しかった。理想は春〜秋はさつまいもを育てて、冬はそれらを使ったやきいも屋をやりたいですね」

2014年3月〜5月には、千葉県市原市で行われた、中房総国際芸術祭にも参加。開催地の土でやきいも用の窯を、そして竹で窯場を覆うドームを作った。その中で、ワークショップも行った。「やきいも日和」という自分で作った小さなツルは、連鎖・拡張を起こし、まさに芋づる方式に広がっていく。

「2014年は、海外遠征を目指しています。ハッピを纏い、リヤカーを引いてニューヨーク辺りでやきいもを売りたい。ヨーロッパやユーラシア大陸横断もいいですね。アパレル関係のレセプションなどに潜り込めれば、と思っています。

僕は今、34歳なんですが、おバカなことは35歳まで、と決めているんです(笑)。海外遠征は、自腹を切ってでも今年中には行きますよ!」

チョウハシさんのとある一日

- 7:00 起床
- 10:00 出店準備
  煉炭セット、
  さつまいもを洗う、など
- 12:00 さつまいもを壺に投入
- 13:00 開店
  温度チェックをしつつ、
  10～15分ごとにさつまいもを
  ひっくり返しながら
  焼き続ける
- 16:00 閉店、片づけ
- 17:00 帰宅

チョウハシさんの小商いのポイント

✓ 開業資金は約20万円

やきいも専用壺10万円、中古のリヤカー、HP制作費など。遠方へ移動用の軽トラックは、実家にあったものを利用。看板や備品などは手作り。

✓ 保健所の特別許可は不要

何かを挟む、切るなどをせず「焼く」のみのやきいもは調理行為とならないため、保健所の許可は不要。味つけもしないため、雑菌の心配もない。

✓ お歳暮用に販売

2013年11月に、お歳暮用としてやきいもを販売。ボックス型のパッケージを自らデザインし、普段とはひと味違う雰囲気に。冷凍にしたやきいもを全国発送した。

小商いスタート時の収入・生活

美術大学でインテリアデザインを学び、デザイナーとしての勤務経験もあったことからフリーランスとしてデザインの仕事を受けつつ「やきいも日和」を開業。実家在住。現在もシェアオフィスを借りて、空いた時間にデザイン業を行い、収入を得ている。

[やきいも日和]

神奈川県大磯町大磯1668 OISO1668の軒下

http://yakiimo-biyori.com/　@yakiimobiyori

チョウハシトオル／1979年神奈川県生まれ。多摩美術大学卒業後、インテリア設計事務所を経て、2008年に「やきいも日和」開業。神奈川県大磯町を拠点に各種イベントにも出店。ワークショップ開催や、2014年中房総国際芸術祭にやきいも窯を出展するなど、活動の場を広げている。

弁当箱専門店

Bento&co

ベルトラン・トマ さん

「ブログから実店舗へ BENTOを世界に発信」

日本の文化や風習に興味をもち、
11年前、留学生として来日したフランスの青年。
故郷の母の何気ない一言がきっかけで、
弁当箱だけを売るサイトを開設した。

趣味のブログが楽しかったから

2012年4月、京都市の中心部、中京区に「Bento&co《ベントーアンドコー》」がオープンした。国内生産のものを中心に、イギリスやフランスなど海外ものも取り揃えた、常時100種類以上が並ぶ弁当箱専門店だ。オーナーはフランス出身のベルトラン・トマさん(32歳)。祖国のフランス人を対象に、個人的に始めた通販サイトが日本での実店舗オープンにつながった。

「フランスでは、以前から日本のカルチャーに関心が寄せられています。私も、小さい頃からアニメ『ドラゴンボール』やスーパーファミコンが大好きでした。いつか日本へ行ってみたいと思い続け、2003年に、留学のために来日。以来、ずっと日本で過ごしています。来たばかりの頃は、こんな仕事をするとは思ってもみなかったですけどね(笑)」

フランスの大学で選択した日本史の授業が面白かったことが、日本に来る直接のきっかけとなった。2003年に京都大学へ留学し、1年後、同大学の留学生課程を修了。日本での生活が気に入ったベルトランさんは、そのまま帰国するはずだった当初の予定を返上し、ワーキングホリデー・ビザを取得するべく、フランスに一時帰国。再び日本へ戻り、京都市内のカフェなどでアルバイトをしながら、日本語を学んでいった。

「2005年から、フランス語で京都の生活や日本の状況を紹介するブログを始めたんです。それがフランス人に結構ウケて、1日平均800を超えるアクセスがありました。日本にはこんな文化や風習があるって、ジャーナリズム的な要素を入れた記事と写真を毎日アップしていました。本当に楽しくて、ときには仕事中にも更新していたほどです（笑）」

ブログを始めて3年が経つ頃、ベルトランさんはある〝サクセスストーリー〟を耳にする。ブログを通じて知りあったフランス人が、もともと人気のあった自身のブログ内でデザイナー系のTシャツを販売し、3年で3億円を売り上げたというのだ。そんな話に刺激されたベルトランさんは、自分もインターネットを通じて何かできないか考え始める。

転機が訪れたのは、2008年10月。

「故郷の母が、何気ないチャットのやり取りの中で、『そういえばこの間、雑誌で弁当のレシピと写真を見たのよ』と。その瞬間に『これだ！』と直感しました」

調べてみて、ないから通販サイトを開設した

思い立ったが吉日。すぐに、フランスでの弁当箱事情について調べると、レシピに関するブログはチラホラあったが、弁当箱を販売するサイトは見当たらなかった。また、当時はリーマンショック直後で、フランスにも不況の波が押し寄せており、倹約のため自炊する人が増えていた。フランスでは、食事を職場などに持参する際、タッパーにそのまま詰めることがほとんど。仕切りを使って、きれいにおかずが詰められる日本の弁当箱は、必ず売れると確信した。

「母にヒントをもらった3週間後には、フランス語版の通販サイトを立ち上げました」

4年間、趣味でやっていたブログは、いつの間にか多方面にわたる人脈をつくり上げ、さらにはサイトの運営方法やデザイン、商品の写真の撮り方など、必要な知識・技術のほとんどが学べるツールにもなっていた。

「インターネット上で決済ができるアカウントを取得して、ブログを通じて知りあったウェブデザイナーに、サイトの制作をお願いしました。『絶対できる』って、心の中で念じながら、弁当箱のことだけを考えて過ごしていましたね。

商品となる弁当箱は、ネットを中心に路面店など、さまざまなところから探し出し、各メーカーから直接仕入れました。当時、私はライターとしてフランスの旅行会社と契約していました。時間はあったけれど給料は安く、貯金もほとんどナシ。とりあえず、5万円ほどで10種類の弁当箱を仕入れて販売し始めたんです」

舞妓と忍者バージョンがあるこけし弁当（1730円。写真右）は
サイト・店舗ともに人気商品

通販サイト開設後は、フランスから毎日のように注文が入り、弁当箱は仕入れればすぐに完売。ベルトランさんのブログを見ていた人が、そのままお客さんとなったからだ。

「1年半後までには、トータルで1000万円以上の利益がありました。2010年2月に、株式会社BERTRANDとして法人化するまでは、住居兼倉庫として自宅で作業していました。自宅は、ライター業のほうで契約のあったフランスの旅行会社から提供してもらっていたので、家賃はかからなかった。これは大きかったですね。でも、2部屋しかなく、決して広くはなかったので、ソファーや床、テーブルの上などあらゆる場所に在庫が置かれ、部屋は大変なことに(笑)。

発送や仕入れ作業は毎日あったけれど、やることさえ終われば、あとは自由。昼頃に終われば昼寝をして、夕方飲みに行ったり。マイペースで、とても楽しかったですね」

日本国内でも販売を開始、世界84カ国に発送

売り上げにつながったもう一つの理由として、『あえて日本らしさを出さない』という作戦が功を奏したという。

「日本製品はデザイン・質ともにクオリティが高い。でも、サイトの作りなどは、あえて日本らしさや〝和〟の雰囲気を押し出すことなく、良いものを探している人に、良いものを紹介する、ということを第一にしています。始めた頃は、日本自体に興味があるお客さんが多かったけれど、今は単純に、ものとして弁当箱を探している人が売り上げの半分を占めています。日本というキャラクターを押し出しすぎると、逆に客層の幅を狭めてしまうことにつながる。私はそう考えています」

フランス語版サイトに続いて、2010年に英語版を、翌年に日本語版を開設。そして2012年、京都市内に実店舗をオープンさせた。輸出業に100％頼ると、為替変動によるリスクが高くなるため、国内で販売することでバランスをとる目的でもあった。

2013年の売り上げの国別内訳は、フランス50％、アメリカ20％、日本15％、その他はカナダ、オーストラリアなど。日本では、実店舗ができたことで、通販サイトの売り上げも上がったという。

「通販のみだとメディアの取材対象にもなりづらく、お客さんに知ってもらうまでが難しいんです。路面店は、偶然通りすがりで見つけた人がフラッと入りやすい。また、実店舗があることで、商売・商品の実態がわかるので、買い手も安心するんでしょうね。

店舗オープン当初は、『弁当箱だけを売って、家賃が払えるわけがない』と言われたこともあります(笑)。今、会社のスタッフはアルバイトも含めて11名。通販サイトと実店舗運営のほか、卸業もやっていて、卸担当の社員がフランス・パリに1名駐在しています。これまで国内外問わず、百貨店やレストランなど200店舗以上に弁当箱を卸しており、日本語のみ対応のメーカーは、海外とのやり取りがわからない場合も多いので、間に入って、マーケティング的なこともします。日本の良いものを、もっと簡単に輸出できるようにしたいですね」

5万円から始めた小さな商いは、7年ほどで世界84カ国、約7万件の注文を受けるまでに成長した。

商品である弁当箱は、通販サイト・店舗ともに、すべてベルトランさんがセレクトしている。「こけし」をイメージした、同店オリジナルの2段弁当箱「こけし弁当」(1730円)、秋田の伝統工芸品「曲げわっぱ」(6200円)。ほかには、箸や風呂敷など多種多様な商品が並ぶ。店舗では、和布を特殊技術で貼り付けた「布貼弁当」(1950円)が外国人の観光客に人気だという。

「実店舗がオープンした2012年、フランスの辞書に『BENTO』が登録されたんです。BENTO文化を、これからもっと世界に広めていきたいですね」

上：商品はすべてベルトランさん自らセレクト。9割が日本製で弁当箱のほか箸やカップなど豊富なラインナップ　上左：松をモチーフにした伊砂文様（750円）など、色・柄ともにさまざまな風呂敷が揃う　右：1階がショップ、2階は倉庫兼梱包などの作業場、3階はオフィス

ベルトランさんのとある一日

6:30	起床
8:30	出社
12:00	ショップ開店、昼食
13:00	マーケティング業務、 商品撮影、 イベントの企画立案など
17:30	一旦退社、 子供を保育園にお迎え、 家族で夕飯
18:30	再び出社
19:00	ショップ閉店、 パリ駐在のスタッフと やり取り
20:30	退社、帰宅

ベルトランさんの小商いのポイント

☑ 開業資金は約20万円

弁当箱の仕入れ5万円、そのほか、通販サイト制作費など。住居兼倉庫だった自宅は当時ライターとして契約していた、フランスの会社から無償で提供されていた。

☑ プロモーションもブログで

アメリカ在住の日本人による人気ブログ『just BENTO』をはじめ、弁当に関するブログに広告出稿、紹介してもらうなどで認知度アップを図った。

☑ 公募参加型BENTOイベントを開催

2009年から毎年、テーマに沿った弁当(写真)をネット上で公募する「国際BENTOコンテスト」を開催。2013年のテーマはパスタ。34カ国350人ほどが参加した。

小商いスタート時の収入・生活

カフェなどでアルバイトをしながら、趣味で開設した個人ブログがフランスの旅行会社の目にとまり、2007年に同社とライター契約。定期的に仕事を請け負いながら、並行してフランス語版弁当箱通販サイトを開設。2008年末、ライター契約を終了し、現職に専念する。

[Bento&co]

京都市中京区六角通麩屋町東入八百屋町117

http://www.bentoandco.jp/　@Bentoandco　075-708-2164

ベルトラン・トマ/1981年フランス・サン=テティエンヌ生まれ。2003年、京都大学留学のため来日。2008年にフランス語版の弁当箱通販サイトを個人で開設。2010年、株式会社BERTRANDを創立し、現在はフランス語・英語・日本語版の通販サイトと京都市内の実店舗を経営。

コラム――――4

売り方のひと工夫で成功した富山の薬売り

現代ではその数はかなり減ったとはいえ、富山県といえば薬売り、とすぐ連想してしまうほど、富山の薬売りはよく知られた商売だ。販売人達は各地を回り、家を定期的に訪れて薬を提供する。

この商売の起源となったのは、元禄時代のある出来事。江戸城で突然腹痛に襲われた大名に、富山藩2代目藩主・前田正甫《まさとし》公が反魂丹《はんごんたん》という薬を飲ませたところ、痛みが即座に治まった。これを見ていた大名達が、自国でも薬を売って欲しいと要請したのだとか。そこで正甫公は、領地を出て全国で富山の薬を行商販売させるという、藩の事業をスタートさせたのだ。

この商売で画期的だったのは、「先用後利《せんようこうり》」と呼ばれるシステム。販売人達は家庭を訪問すると、まずは薬を無料で置いていく。そして、次回訪問時に、使った分のお金を回収するというものだ。

食品などの日用品とは違い、薬はいつ、どれだけ必要になるかわからないもの。使わなくてすむかもしれないけれど、手もとに常備していないと不安。「先用後利」は、そんな薬という商品ならではの特性にマッチするうまい売り方だった。定期的に販売人が来て、薬を補充してくれること自体も、「これでまた健康を守れる」と、安心感を与えたことだろう。

またこの売り方だと、売り手側も「あの薬、せっかく買ったけど使わなかった」などと文句を言われることもなく、変なストレスがかからずにすむ。

既存の商品でも、「もっと違う売り方はないかな」と考えてみる習慣をつければ、自分もやりやすく、世の中のニーズにもより合った、新しい小商いを考案できるかもしれない。

第5章

地域のなかに役割を見つける

地の利を活かせば商いを生み出しやすい

伊藤洋志

2014年サッカーW杯は、高温多湿のブラジルで行われ、決勝トーナメントには軒並み地元の南米チームが勝ち上がりました。ということで、この章では、小商いが環境、とりわけ「地の利」から生まれるという例を紹介しています。

例えば、小学校の近くに駄菓子屋がある、というのもその顕著な例です。

人口はそこそこあるのに、商店街にあった本屋が閉店して、結果として市内に一軒も本屋がない、ということであれば、車で行きにくく固定費がかさむ商店街ではなく、車で行きたくなる場所に本屋があれば、本屋は成立するかもしれません。

これは、一つの仮説ですから、いくつかの仮説を立ててみて、それがいけるかどうか検証することが必要です。検証といっても資料を集めるだけではありません。一番分かりやすいのは、イベントなど単発の形で実際にやってみることです。

いきなりお店などを開くと、外したときに初期投資が回収できなくて赤字を抱えたりもします（再起できる範囲ならそれもいい経験です）。なので、まずは1日ぐらいフリマみたいなマーケットを開いてみて、どんな人が来るのかを実際に見る。そういう意味では、第3章の放浪書房さんが制作されている屋台や移動販売は、テストにうってつけです。

ほかにも、思いついた小商いに予価を添えて、TwitterやFacebookに投稿してみる、というのもひとつのテストです。お金もかからず、すぐできます。

これからあげる例は、どちらかというと全国どこでも必要そうな小商いです。思いつく限りあげると、パン屋、本屋、お菓子屋、花屋、クリーニング屋、学習塾、マッサージ店……。これらは、とりわけ地方で質的に追究されたお店が少ないという現状がありますから、注意深くその土地の環境を観察していけば、その土地にマッチした商いの可能性を探ることができるでしょう。

この章のPOMPON《ポンポン》 CAKES《ケークス》の立道さんも、地元出身だから街の人の動きが分かるという特典を活かしています。

その土地にしかないものに注目するという方向もあります。

日本は東西南北に長いため、各地に多様な文化が残されている、といわれています。しかし、一方ではそれを発掘する人がいないため、埋もれていこうとしているものもたくさんあります。日知舎の成瀬さんがやっているのは、まさにそういう生業です。

埋もれている素材は、色々な分野にわたります。

まず建物。名建築なのに、持ち主が高齢化して引退したため放置されている旅館とか。それをそのまま旅館にしても時代に合わないとしたら、どう使うのがいいのか？　ここを考えるのが「地の利を活かす」ということでもあります。

木造校舎の三枝さんは、廃校となった小学校を活用して、自ら育てた小麦を使ってパンを焼いて販売したり、若い人を受け入れて学びの場として提供しています。

ほかには自然の恵み、人の技などでしょうか。加工するときに捨てている柑橘類の皮とか、狩猟されたときに捨てられている動物の皮などが近くにある、というのも地の利といえます。

ここまで読まれた方は気がつかれたかもしれません。小商いをつくるということは、世の中の人々が見落としていることを見つける作業でもあります。だから、日々の観察がモノを言います。これは学校に通わなくてもできます。逆に学校に通ったところで身につきません。

地の利を活かす力を身につけられれば、だいたいどんな環境でも仕事を作れる、ということですから、自分が生活を組み立てられる場所が広がることでしょう。大儲けには向きませんが、何より無駄がありません。ぜひ身につけていただきたい技能です。

移動ケーキ販売

POMPON CAKES

立道《たてみち》嶺央《れお》さん

「SNS×行商
新旧交わる移動販売」

生まれ育った街で仕事を始めたい。
どうせなら、街をもっと面白くする何かを。
行き着いたのは、幼少の頃から親しんできた
ケーキを、自転車に積んで売ることだった。

旅暮らしの職人からケーキの移動販売の道へ

立道嶺央さん(30歳)の仕事場は、神奈川県鎌倉市内の路上。Twitterでその日の販売スポットを告知したあと、カーゴバイクと呼ばれる三輪自転車に乗って現れる。そうすると、評判のケーキを求めてあちこちから次第に人が集まって来る。販売するのは〝オーガニックでジャンキー〟な、老若男女、毎日ぱくぱく食べられる無添加のアメリカンケーキ。

2011年のオープンから2年半が経ち、すっかり有名になった移動型ケーキショップPOMPON《ポンポン》 CAKES《ケークス》。今では出会えたらラッキーな存在として、街行く人に笑顔とワクワク感をもたらしている。

「街に出て販売するのは週に3~5日。だいたい10種類前後のケーキを用意しています。早朝4時半から工房で作り始めるのですが、ほとんどひとりで作業しているので、全種類出来上がるまでに8時間はかかります。朝も昼もろくに食べず、気がつけば10時間焼きっぱなしということも。夕方頃に、販売のために工房を出ます。仕事というより街に遊びに行く感覚。カーゴバイクで街を走ることや、お客さんと触れ合える販売の時間は、とても楽しみにしているひとときなんです」

もともと、ケーキ屋をやりたいわけではなかった。大学では建築を学び、その後は茅葺き民家の多く残る、京都府美山町で茅葺き職人の見習いに。京都以外にも、全国の現場を転々とする、いわゆる「旅職人」として、寺社仏閣の屋根を葺き替える日々が3年ほど続く。

「楽しかったし勉強にもなったけれど、屋根の上での作業は、夏は死ぬほど暑く、冬はものすごく寒い。とにかくきつい仕事でした」

現場はだいたい田舎の町で、コンビニもスーパーもないことがほとんど。飲食店もないため3食自炊が基本だった。仕事のあとは当番制でご飯を作り、夜は大部屋で雑魚寝。

「3年目のとき、『このまま職人として一生やってゆくのは厳しいんじゃないか』と思って、実家のある鎌倉に戻ることにしたんです。だから、ケーキを早朝からずっと焼いていても、職人時代のあのキツさを思うと、あまり苦にはならないですね」

立道さんにとって、ものづくりはライフワーク。職人を辞めて次の仕事を考えたとき『自分で何かを始めたい』と思ったという。大学で、街づくりを考えるコミュニティデザインをかじったこともあり、自分の好きな街、鎌倉で何かやれたら面白そうだと考えるようになった。

さまざまな計画を練るうちに、ひらめいたのが〝母親の手づくりケーキを自分が売る〟

というプラン。実は、立道さんの母親は料理研究家で、ケーキ教室を主宰していた。小さな頃から慣れ親しんでいた、オーガニックにこだわった母の味を、大人になってから改めて「いいな」と思ったことも大きかったという。

「販売方法を考えたときに、自転車はどうだろうかと。以前、アメリカやヨーロッパを旅行中に、カーゴバイクを使い移動販売しているのを見ていて、路上でコーヒーやドーナツ片手に楽しんでいる人々の姿にも惹かれました。もともと僕自身も自転車に乗るのが好きだったこともあり、やってみようと思ったんです」

菓子製造業はまったく未知の世界だった

2011年2月末に京都から生まれ故郷の鎌倉へ。やりたいことは見つかった。でも、実現のためには乗り越えるべきハードルがいくつもあった。

「食べ物を移動販売する際、保健所の許可が必要なのは知っていましたが、許可をもらうには工房が必要とは知らなくて。あわてて不動産屋を回って探したけれど、調理設備が揃っている店舗用の物件は、賃料の数カ月分もの保証金が必要で、とても払えそうにありませんでした。だったら賃貸住宅を借りて工房にしようと思ったんですが、『近所にお菓

メニューの看板をはじめ、持ち帰り用のボックスやショップカードまで
すべて立道さんがデザインを手がける

子の匂いが漂うのはちょっと……』ということで断られてしまったり。なかなかうまくいきませんでした」

そんなとき、たまたま現在の物件と出会った。寛大な大家さんで、工房としての使用も室内の改装も了承してくれた。冷蔵庫と冷凍庫は知人から譲り受け、シンクやミキサーなどは中古で購入。ケーキを作るための設備を整えていった。

工房問題が解決したら、次はカーゴバイク。

「調べてみると、ヨーロッパ製の輸入モノは本体だけで40～50万円。これでは借金せずに仕事を始めるのは難しいかな、と半ば諦めていました。

そうしたら、客として足を運んだ青山のファーマーズマーケットで、自作のカーゴバイクを販売している人を見かけたんです。思わず声をかけたら、自転車専門店というわけではなく、本業は埼玉県所沢市で家具などを制作する方でした。あとから知ったんですが、たとえ欲しいと言っても、カーゴバイクを活用できないだろうと判断されると、売ってくれないらしくて（笑）」

幸い、立道さんは移動販売の計画が気に入られ、「カーゴバイクで商売をやれ」としきりにすすめられた。車体価格は輸入モノの3分の1ぐらいということもあり、オーダーすることにした。

自転車の完成を待つ間に、東日本大震災が発生。いても立ってもいられず、ボランティアのために石巻に向かう。被災地での活動が1カ月ほど経った頃、自転車完成との連絡を受けて鎌倉に戻ることにした。2011年4月末のことだった。

「実は『自転車でケーキを売る』なんて、本当に実現できるのかまったく確信がもてなかったんです。そういう形態で仕事をする知り合いはいなかったし、誰にも相談できなくて。でも、頼んでいた自転車ができてしまった以上、もうやるしかないと。

また、当初はあくまで母がケーキを作り、僕はただ売るだけのつもりでした。それが、母からいろいろと手ほどきを受け、レシピを受け継いで、自分でも焼けるようになっていたんですよね（笑）」

地元の人たちにあと押しされ初日から完売

2011年7月9日の夜、鎌倉駅付近の路上でPOMPON CAKESはひっそりとオープンした。

「本当は、もっと早い時間に売りに出るつもりだったんですが、5種類40個ほどを作るのに、6時から焼き始めて20時までかかっちゃって。その日はカーゴバイクを販売してくれた人も応援にかけつけてくれました。『あまり売れなくても最初はこんなもんだ』と励ますつもりだったらしいんですね。それなのに完売したんです。それを見て『鎌倉の人はやさしすぎるだろ！』って言っていましたよ（笑）」

ＮＹチーズケーキやキャロットケーキといった定番のアメリカンケーキのほか、グレープフルーツのシフォンケーキなどフルーツを使用したケーキを、いずれも３００円前後で販売し、初日の売上は約１万円。観光客はいない時間帯だったため、買ってくれたのは仕事帰りの、地元鎌倉の人達だった。以後、「面白いケーキ屋がある」と、鎌倉に住む人達の間で話題となり、じわじわと噂が広がっていった。

常連客は積極的に自分達のＳＮＳで紹介してくれたり、お店の空きスペースで販売させてもらえるよう交渉してくれたりと、非常に好意的だった。徐々にメディアで取り上げられる機会も増え、わざわざ都内から車を飛ばして買いにやって来る人も現れ始めた。

ケーキを介して街や人とつながる

商品をカーゴバイクに積んで路上で売る、という今までにないスタイルのケーキ屋は、

上：（写真手前から）苺のタルト450円、NYチーズケーキ300円など、常時10種類ほどを用意　下左：工房にて。ひとつひとつ手作業で進め、最後はケーキに銀紙をセットして完成　下右：「やっと買いに来れた！」と嬉しそうに話す女性客の姿も

巷でたちまち評判となり、今では開店から2〜3時間で売り切れるほどの人気ぶりだ。

販売スタイルは、店舗をもたずに商品を持ち歩いて小売りする行商だが、SNSを活用することによって情報発信をプラスする。出店場所の告知はもちろん、お客さんからの感想や「こんなケーキを作って欲しい」などのリクエストもダイレクトにやり取りができる。

「やっていること自体は、昔ながらの行商と変わりません。そこに、新しいもの——Twitterや Facebookなどの SNSの要素を加えただけ。古くからあるものと、新しいものを掛け合わせる。そういうことをやってみたかったんです。思っていた以上にお客さんからの反響も大きく、手応えを感じています」

そして、目新しいからという理由以外に、この販売方法ならではの魅力がある。

「ただ売るだけでなく、ケーキを媒体に街や人とつながっていけたらと思いました。カーゴバイクでケーキを売ることが、コミュニケーションの場になるんじゃないかって。せっかく自分で商売を始めるんだったら、楽しみながら街を盛り上げていきたい」

POMPON CAKESを始めてから、同世代の飲食店オーナーやデザイナーなど、ユニークな活動をしている知り合いが増えた。鎌倉を面白くしようと、それぞれのやり方で奮闘中の彼らと共同でイベントを開催することもある。

店舗をもたず、働く時間にも縛られず、という立道さんの働き方に憧れる人も多い。

「POMPON CAKESのような移動販売方式が、誰にとってもうまくいくとは思いません。気軽に見えても、場所をもたないのは根無し草のようなものなので、信用がないんですよね。だからこそ、対面販売や地元でイベントを開催するなどして、街や人と積極的に関わることを意識しています」

また、地元出身であるからこそ街の特徴もつかみやすく、販売場所や時間の選定にも時間がかからなかった。かつて建築を学んだ際の、土地をリサーチする実習の経験も役に立ったという。

現在は、2013年秋にオープンさせたカフェで、スイーツの提供もしている。こちらは、POMPON CAKESとは異なる商品が並ぶ。そのほか、ウエディングのケータリングや、オリジナルケーキのオーダーが入ることもある。

「POMPON CAKESでの売上は1日に3〜4万円。無添加・国産・オーガニックと、材料にこだわっているため原価が高く、利益はあまり出ていません(笑)。でも、これからもPOMPON CAKESを続けて、鎌倉を面白く盛り上げていきたい。ケーキだけに限定せず、建築の仕事なんかもやっていけたらいいな、と思っています」

立道さんのとある一日

- 4:00　起床
- 4:30　工房に出勤、ケーキ製造
- 14:00　製造終了、販売準備
- 15:00　カーゴバイクに乗って出発
- 15:30　Twitterで発信してから販売開始
- 18:30　完売後、工房に戻る
- 19:00　あと片づけ、翌日の準備
- 20:00　帰宅、夕食

立道さんの小商いのポイント

☑ 開業資金は160万円

工房の家賃と敷・礼金などに60万円。ほか、設備や什器、カーゴバイクに100万円ほど。高価な什器は友人から安く譲り受けたため、支出を抑えることができた。

☑ 利益率より在庫のロスをなくす

材料はオーガニック・無添加・国産を中心としているため原価が高い。しかし、誰もが気軽に買える価格に抑えて、売れ残りをなくすことを優先している。

☑ 場所選びは大切

路上販売は「道路使用許可」が必要。かつて、許可を得ていたにもかかわらずクレームを受けたこともあった。現在は店の軒先や出店要請先で販売している。

小商いスタート時の収入・生活

大学卒業後、茅葺き職人として約3年間働いた際の貯金があった。本拠地は、実家があり土地勘もある鎌倉を選んだため、リサーチ期間も短く、当初の生活費を抑えることができた。POMPON CAKESは開店初日に完売。スタート時から売れ行きは好調だった。

[POMPON CAKES]

神奈川県鎌倉市の路上

http://pomponcakes.com/　@pomponcakes　070-6526-7691

立道嶺央／1983年神奈川県生まれ。大学の建築学科を卒業後、茅葺き職人として全国の寺社を渡り歩く。27歳で故郷鎌倉に戻り、2011年7月にカーゴバイクでオーガニック・無添加・国産にこだわった手づくりケーキの移動販売を開始。建築デザイナー、アーティストとしても活動中。

山菜採集・和雑貨制作など

日知舎

成瀬《なるせ》 正憲《まさのり》 さん

「昔ながらの生業を地域に入って引き継ぐ」

地域文化への興味から移住し、自らもその中に身を置き、糧を得る。過疎化が進むその土地では、「アトツギ」が求められていた。

山伏修行がきっかけで山形移住

冬になると、山間部は深い雪に閉ざされる山形県庄内地方。出羽三山のひとつ、羽黒山の麓の田園地帯で暮らす成瀬正憲さん（34歳）。〝日知舎《ひじりしゃ》〟という屋号を掲げ、山菜採集や手仕事など、現地に伝わる仕事をひとつひとつ身につけ、日常生活の糧を得る手段としている。

「日知《ひじり》」とは、古来の日本語で「日」「火」などを知る者、という意味があるという。「古くから続く地域文化を学び、それを継承してゆくために、そこから生まれる小さな経済をまわしてゆく」というコンセプトを表している。

山形に初めてやって来たのは、大学時代だった。

「僕は大学生のときに、中央大学の中沢新一研究室に所属していました。将来のために、自分の世界観や物事のとらえ方、見方について、より探りたかったからです。

中沢先生がたまたま、羽黒山のとある宿坊と仲が良かった縁で、個人的に足を運んだり、ゼミの合宿で2泊3日の山伏修行体験をしたり、毎年のように通っていました」

学部時代と大学院修士課程を終えるまでの6年間、継続的に通ううちに、宿坊や地域社会の現実にも触れるようになった。

宿坊はもともと、講（参拝者のグループ）の人など、決まった人達が利用する宿泊施設だった。しかし、時代が流れてゆくにつれて、講の人達も高齢化し、講の数が少なくなってしまった。

そういった現実と向き合ううちに、山形への移住を考えるようになる。地域に根ざして知的生産を行い、地域文化の継承につながるような仕事を自分で作れたら——。

とはいえ、知識も技術も乏しい状態で飛び込んでも、何もできないだろう。そう考え、大学院を修了してから2年間は、福井県で地域おこしに関わるNPO法人で活動。その後、山形県鶴岡市羽黒町で4年間、観光協会の職員として働きながら、少しずつ自分の計画を実現する準備を進めていった。

その過程で、自分の食い扶持としてのみならず、地域文化を継承してゆく仕組みとしても、そこに経済が生まれることが必要だと思うようになったという。

「山伏文化であれ、精進料理であれ、山菜の採集であれ、本来は、もともとその地域にいる人が引き継いでゆくのが一番。でも、なかなかそれが難しくなってきている。ならば、自分自身も含め、地域に新しく入って来る人がそれらに携わることで事態を好転できないだろうかと考えました。わずかであっても、そこからきちんと収入を得られる仕組みができれば、手をあげる人も増え、文化が続いてゆく可能性が出てくる。それを実現するために、日知舎を立ち上げたんです」

技術も縁も人を通じて得る

現在の成瀬さんのナリワイは、多岐にわたっている。山菜やキノコの収穫、精進料理のプロデュース、民俗学調査、ワークショップ運営……etc. まさに小さな商いをいくつもかけ持ちしている。

そのなかでも柱となっているのが、山菜やキノコの収穫。特に山形には、「月山筍《がつさんたけのこ》」という、食材としてブランド化している山菜があった。

「僕は精進料理を通じてそれを知ったのですが、実際に食べてみて本当においしかった。月山筍の採集を、一年のおもな収入にする猛者がいると聞いて、常ならざる山人の気配に興味をもちましたが、同時に仕事自体はとても過酷だと知りました。しかし、チャンスがあればやってみたいと思っていたんです」

一般的に、山菜やキノコの産地では、地域ごとに組合がある。誰もが好きなだけ勝手に

写真：Tokairin Miki

上：月山筍はネマガリダケの中でも柔らかな食感が特徴　下：成瀬さんが携わる「出羽三山精進料理プロジェクト」内で作られたお膳。同プロジェクトは、各地でイベントなどを行い、出羽三山の精進料理を広く発信している収穫していたのでは、あっという間に枯渇してしまうからだ。また、月山筍については、最良のものが採れる場所はある集落の人のみと、採集場所が厳密に決められている。

地域の若者は減り、人手が足りていない。一方で、外の人間が受け入れられるには、まだまだ壁がある。成瀬さんが月山筍の採集ができるようになった背景には、キーパーソンがいた。

「出羽三山のひとつ、月山の頂上で山小屋をやっているご主人・芳賀竹志《はがたけし》さんです。山菜から薬草まで、月山のことならなんでも知っていて、地元の誰からも人望がある方です」

成瀬さんは、芳賀さんはじめ地元の人達に教えを請い、さまざまな場面で成果を出せるよう努力し評価を得ていった。そうしていくことで、地域社会との縁が生まれ、徐々に信頼関係を築いてゆくことができた。

「もうひとり、僕より少し前に、その土地の山菜組合に外部から初めて入った人がいるんです。九州の人で、奥さんが鶴岡出身で引っ越して来た。彼も最初、自分が溶け込むのに苦労した。その経験があったからこそ、世話を焼いてくれたんです」

山菜採りの師匠ともいえる芳賀さんや先輩移住者との出会いは、成瀬さんにとって、新しい「知」との出会いでもあった。

「芳賀さんがとらえている世界観には、言語化できないような面がある。例えば、約30m先からブナの倒木を見るだけで、『あそこには生えてる』『あそこにはない』と、わかってしまう。そこには〝身体化された山の文化〟みたいなものが、間違いなくある。でも、このままだと彼の代でついえてしまうものは多い。それはもったいないなと思ったんです」

収穫の波にも対応してくれる販路を選ぶ

もともと、月山筍は出羽三山の宿坊や、山小屋、地元の旅館など、限られた得意先に卸されていた。そこにはもちろん、長年つき合っている採集者との関係がある。新参者としては、新たな販路を探さなければならない。

成瀬さんは採集を始めるのと同時に、学生時代や福井時代など、それまでのさまざまなツテを頼り、販路を開拓していった。

日本料理屋、そば屋、オーガニック系のレストランなど、現在、成瀬さんが山菜やキノコを卸しているのは首都圏の数店舗。どういうものが欲しいか、事前にヒアリングしておく。しかし自然が相手のため、サイズや量、種類など、いつも要望通りに収穫できるとは限らない。

「そういうときは収穫直後に電話して、『じゃ、今日は代わりに○○で』『△△は次回採れたときに』など、調整してもらいます」

もともと、そういった条件を受け入れてくれるお店とだけ取引している。一時、個人客にも売っていたこともあったが、フレキシブルな対応をしてもらうのが難しい場合が多いため、現在は行っていない。

採集から発送するまでの作業はすべて、成瀬さん一人で行う。平均すると、1日10kgぐらい。早朝から午前中にかけて採集したものを、その日のうちに段ボールに詰めて発送。翌日には首都圏の各店舗に届いている。

「卸値は、月山筍だと1kgあたりの価格を3段階に分けています。大きさや太さ、色などでランクづけする基準も、地元の人達に教わりました」

成瀬さんのナリワイは、季節によっても異なる。

山菜の収穫は春。4月中旬頃から始まり、6月頃まで。悪天候の日以外は、ほとんど毎日のように、早朝から採りに行く。多いときは13~14kgになることもあるという。それを片道1時間~1時間半、背中に背負って歩く。山に慣れた人でも、肉体的にもなかなかハード。4月はまだ、山に雪が残っている。また、山菜によっては急斜面に生えているこ

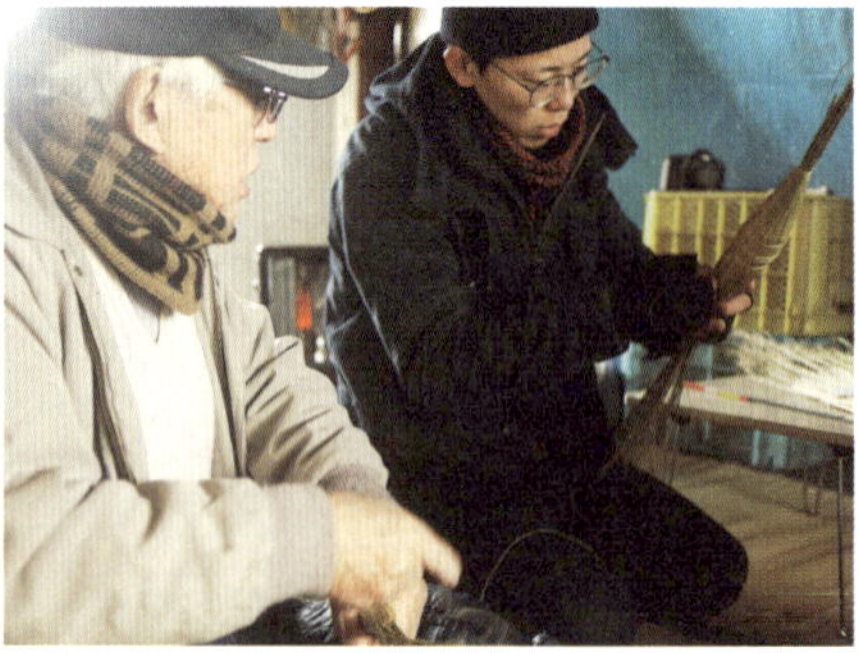

上：草履や鍋敷き、かんじきなどはイベントでも販売する　下：山形・庄内地方に伝わる手仕事を継承するツアーの企画も行っている

とも多く、採集は危険とも隣り合わせだ。

8月を過ぎると、トンビマイタケというキノコが出てくるのでその収穫をしたり、同時進行で、2泊3日の山伏体験修行の運営も行う。10~11月はキノコ収穫。12月以降、冬になると、原稿執筆や地域文化研究などのデスクワーク。あわせて、草履づくりなど手仕事系の仕事をコツコツ進める日々が、翌年の雪解けまで続く。

うつりゆく四季の変化に応じて、その季節ごとにふさわしい仕事に従事し、生活の糧を得る。雪の時期は藁を編み、春が来れば山菜を求めて山へ。それはもともと、日本の農村で自然と育まれてきたスタイルでもある。

揺れ動きながらも親密になってゆく

成瀬さんの山形移住は、まずは外部の人が入りやすい職場を見つけ、勤め人としての生活をしながら準備をして独立した、という段取りを踏んで、とてもうまくいったケースだといえるだろう。

過疎化や高齢化が進む地域社会では、若者には来て欲しい。が、何百年も続いてきた地縁的結合もあり、外部の人を受け入れることへの抵抗が強い場所も少なくない。移住する側も、気負いすぎたり理想が高すぎたりして、無駄なストレスをためたり、ギクシャクしてしまうこともある。

「能など日本の芸能で見られる、反閇《へんばい》という独特な足運びがあるんです。摺り足で、前に一歩進んだら少し下がる、というような動きの繰り返しで、徐々に進んでゆく。

その起源を探ったとき、土着の神々と、外からやって来る神との対立や葛藤があって、それが落ち着いてゆく様子を示したのが、反閇の仕草なのではないかと考えました。

そんな感じで、揺れ動きながら近づいてゆくような関係が、これから各地で移住者と、もともとの定住者の間に生まれてくるんじゃないかと」

何かと抵抗はありながらも、同じ土地に住む者同士、同じように繰り返す季節を過ごしてゆく。

「特に東北は日本有数の豪雪地帯。雪は誰にも平等に降る。雪おろしとか雪かきとか、何だかんだ文句を言いながらも淡々とやって、やがて同じ春を迎える。そうやって、お互い別々に見ている世界のピントがだんだん、だんだん合ってくる。そんな風に移住者と地元の人が、地域社会をともにつくってゆくのが、これからの在り方なんじゃないかなと思います」

成瀬さんのとある一日

＊月山筍の採れる時期の場合

- 2:00 起床
- 2:10 家を出発
- 4:30 採集場所に到着
- 10:30 採集終了
- 14:00 帰宅し梱包作業
- 14:30 発送
- 18:00 夕食
- 20:00 就寝（日によってデスクワークなど）

成瀬さんの小商いのポイント

開業資金は1万2000円

軍手や長靴など、山菜採集に使用するための道具の購入費が約1万円。そのほか、山菜組合への登録に2000円。

収入を得る手段は複数

開業当初から複数の収入源を確保。しかし関連性がないものではなく、それぞれの知識や経験、人脈が相乗効果のあるものだった。

人間関係を構築する

地域社会と協力するためには、人間関係の構築が重要かつ工夫のしどころ。共通の目的や活動を共有することで信頼関係が生まれる。

小商いスタート時の収入・生活

移住後、4年間は観光協会の職員として給与を得ており、その間に、徐々に人間関係を築き、利益を得るための手段を準備していた。観光協会退職後も現在に至るまで、学術調査やワークショップなど、収入を得る手段は常に複数もっている。

［日知舎］

山形県鶴岡市羽黒町市野山猿田97　http://hijirisha.jp/

成瀬正憲／1980年岐阜県生まれ。中央大学大学院修了後、福井県のNPO法人での活動を経て、2009年に鶴岡市羽黒町に移住。山菜やキノコ採集のほか、山伏修行のコーディネート、精進料理のプロデュースも行っている。食を中心に、地域に根ざした文化を伝えるリトルプレス「アトツギ編集室」（http://atotsugi.me/）のメンバーの一人でもある。

農家・パン屋・カフェ

小麦農家のパン工房 木造校舎

三枝《さいぐさ》 孝之《たかゆき》さん

「田舎の町でしごとをつくる」

過疎化が進む山間の町で、
自ら育てた小麦でパンを作り、販売する。
廃校舎を活用して、田舎暮らしや
パン屋について、若い人に伝えていく。

学校と農業を組み合わせて若い人を呼ぶ

和歌山県新宮市熊野川町には、廃校を利用して金・土曜のみオープンする店がある。この「小麦農家のパン工房 木造校舎」を運営するのは、三枝孝之さん（66歳）。

「自分達で育てた小麦を粉に挽いて、焼いたパンを販売しています。でもパン屋を特別やりたかったわけではなく、出発点は〝農業〟なんです」

静岡県三島市出身の三枝さんが、妻の由紀さん（48歳）と熊野川町へ来たのは1999年。たまたま知人がいたことが、移住のきっかけとなった。熊野川町は、周囲を大塔山や大森山など1000m級の山岳に囲まれた人口1400人余の町だ。

もともと、農業を生業の一つとしていた三枝さん。

「移住して初めて知ったのですが、熊野川町の農地はほとんどが〝休耕農地〟でした。就農者の高齢化が進み、次の担い手であるはずの若者は町を出て行く……。手入れをする人がいなくなってしまったんですね。食べ物を生産する農地の放棄は、人間が生きるための基盤を失っていると同じこと。これはなんとかしなければ、と」

自分のできる範囲で休耕農地を復活させて、次の世代につないでいきたい。その思いを地主の方に話すと「使ってくれるならいいよ」と、３haほどの農地を無償で貸してくれた。生い茂った雑草をきれいにすることから始めた三枝さん。しかし、一人で手入れするには限界がある。「使える田畑はあるのに、人がいない。この休耕農地が、未来を担う若い人達の生活の糧にはならないだろうか」。そこで考えたのが〝学校〟だった。

「実は、熊野川町で休んでいたのは農地だけではなかったんです。かつて20校ほどあった小・中学校は、２校のみ現役。残りは取り壊されたか、休校中でした。その校舎を利用して農業と学校を組み合わせ、若い人を呼べる場所をつくりたいと考えました」

休校中の校舎を利用のため2年かけて交渉

２００１年、田舎暮らしや農業、自給自足について若者達が学べる場所づくりを目的とし、ＮＰＯ・共育学舎《きょういくがくしゃ》を設立。まずは１９９１年から休校となっていた敷屋《しきや》小学校の校舎を利用できないか、当時、同校を管轄していた熊野川町教育委員会を訪ねた。

「田舎のいいところはね、『ＮＯ』と言わないところ。その代わり『ＹＥＳ』とも言わず『いいですねぇ』って言うの（笑）。それは、小さなコミュニティで円滑に生きていくための、いわば正当防衛。当たり前のことなんですね。教育委員会に話をすると『あぁ、それはいいですね。でも学校は地元の人達のものだから』と。地元住民に聞いても『いいですねぇ』。最後に町長のもとに行くと『いいじゃないか。でも教育委員会はどう思うかなぁ』って。この繰り返しでしたよ（笑）」

〝修繕費などのお金は一切要求しない〟ということを条件に掲げたが、交渉は2年ほど続いた。休校は将来的に再開することが前提となっているため、国の言わんとする「教育目的」以外での利用は難しいのが現実だった。

三枝さんは教育委員会・町長・地元住民の三者間を行き来する一方で、並行して月に一度ほど和歌山県の観光課にも出向いた。交渉といっても2回目の訪問以降は、主に世間話をするだけ。まずは人間関係を築いていくことが大切だと考えたからだ。そのなかで、教育委員会には「ここは若い人達が学ぶ場所です」と、地元の人へは「町の大切な財産だから、なんとかしたい」と説明。たび重なる訪問で顔なじみになった和歌山県の観光課課長から、町長へ話をしてもらったりもした。

木工教室が数カ月後の正式許可につながる

そんな折、熊野川町が新宮市に合併する話がもち上がった。

三枝さんと由紀さん、長男の玄祈（げんき）くん4歳。
後ろに見える土窯で毎週パンを焼いている

「色々なことが変わっていくこのタイミングをチャンスと捉え、『１日だけ教育のための講習会を開きたいので、教室を１つ貸して欲しい』と、具体的にお願いしました。そうしてやっとＯＫが出た。１回開催して実績をつくると、２回目以降は話が早かったですね」

２００３年春に、敷屋小学校の一室を借りて木工教室を開催。新宮市内から、主婦をメインに10人ほどが集まった。事前に和歌山県東《ひがし》牟《む》婁《ろ》振興局の記者クラブまで出向き、講習会開催に関してのチラシを渡して地元紙で告知してもらった。その後、月に一度のペースで木工教室のほか、田植えなど数々の講習会を開催。次第に取材が入るようにもなった。

翌年の春、いつも通り講習会前に小学校の鍵を受け取りに町役場まで行くと、「これからも講習会やイベントがあるだろうから、鍵は持っておいて下さい」と言われた。月イチで開催していた講習会が好評だったこと、新聞への掲載、農業への取り組みなどが評価されての判断だったのかもしれない。こうして〝使用する教室は３つ。貸出料は無料〟という条件のもと、正式に許可が下りることになった（現在は、２００５年に熊野川町が新宮市に合併したことを機に、敷屋小学校は休校から廃校に変わり一定の家賃を新宮市に納めている）。

ところで、移住当初から敷屋小学校を借りるまでの間、特定の仕事に就くことがなかった三枝さんはどうやって生活の糧を得ていたのか。

「移住当初は50歳で体力がありました。周りにはお年寄りの方が多かったので、新宮市内にある病院までの送迎や、庭の草むしりなどのお手伝いを頼まれていました。その御礼を物々交換のようなかたちも含めて頂くことで、地域の方々に食わせてもらっていましたね」

家賃が安い古民家に住みながら農地を耕作し、小麦や米、野菜など、自分達が食べる作物は自分達で生産する。農機具は地元の方が使わなくなったものを譲り受け、足りないものだけ中古で購入。化学肥料や農薬はいっさい使わないため、コストもかからない。

田んぼづくりに関しては素人だったという三枝さんは、隣の田んぼで作業するおじさんを見よう見まねで、その行程を習得していったという。

「最初は何も言わなかったおじさんが、『おい、そうじゃないぞ』って、あるときから教えてくれるようになって。でも、地元の人との距離ってなかなか縮まらない。さみしいことですが、外から来た人が〝完全に田舎に溶け込む〟って不可能だと思います。溶け込まなくてもケンカはせず、うまくやっていくことを考えるほうが現実的かもしれません」

売れなくても生きていけるベースを作る

敷屋小学校利用の正式許可が下りた当時、校舎には机や椅子のほかに、役場から持ち込まれたさまざまな荷物が置いてあった。熊野川町で農業体験などを希望する人を迎え入れるために、まずはそれらを片づけ、布団や蚊帳を調達し、滞在できる環境を整えた。訪問者は和歌山大学の学生をはじめ、田舎暮らしに興味がある人が噂を聞きつけ、全国津々浦々からポツリポツリと増えていった。

実は三枝さん、校舎利用のための交渉のかたわらで、ある準備を進めていた。それは、無農薬・無化学肥料で栽培した小麦を自ら製粉し、手製の窯で焼き上げたパンを販売すること。1次産業に携わる農業者が、原料の生産から加工・販売までを行う6次産業を、過疎の中山間地域で立ち上げ、田舎で生きるひとつのモデルを作ることが大きな目的だった。

2005年8月、友人の力を借りて試作していた土窯が完成。その後、パンの試作を重ね、翌年11月に敷屋小学校で「小麦農家のパン工房　木造校舎」をオープンさせた。

「オープンといっても、週末の2日間に焼いたパンを玄関に並べただけですよ」

現在は、毎週金・土曜のみオープン。全粒粉100％の食パン（1斤850円）をはじめ10種類ほどのパンが並ぶ。また、薪ストーブを置いた教室では、畑で採れた野菜を使った料理とパンがセットになったランチ（1000円）も提供。調理は妻の由紀さんが担当している。

上：全粒粉50％のベーグル（プレーン・黒ごま・レーズン）160円〜。パンは一部ネット販売もしている　下右：学校の面影がそのまま残る木造校舎の廊下。床は2011年の水害で傷んでしまったため、応援を呼び張り替えた　下左：ランチ1000円は、旬の野菜を使った料理がメイン。この日は鹿肉を使ったロールキャベツ

「パン屋を開こうと思ったら、施設と材料が必要です。私は、パンを焼く土窯を自分で造って材料の9割を自給し、自分が食べたいパンを作っています。小麦と天然酵母、塩、水のみで作っているので、体に優しい。売れればもちろん有り難いですが、売れ残っても自分達の食料になる。商いをするにあたり大事なことは、売上が少なくても生きていける、というベースを作ることだと思います」

三枝さんは材料を自給しているので、例えば数値は仮だが、1日の売上が1万円あると仮定すると、8000円は実入りになる。一方、一般的なパン屋で材料の仕入れや家賃などの経費がかかる場合は3000円残るかどうか。売上を上げるために、製造の効率化を図る添加物を使用するなど、作り手が毎日食べたいと思うパン以外も売らなくてはならず、『なんのためにパン屋をやっているんだろう』と悩んでしまう人も多いとか。

三枝さんは2007年より、田舎でパン屋を開きたい人を対象に一回一組から、年に10回ほどワークショップを開催している。企画運営・広報は、三枝さんが自主開催している「田舎」懸賞論文を通して知り合った、本書監修の伊藤洋志が担当。年間10名ほどが参加し小麦の栽培からパンづくり、開店までの流れ、田舎でパン屋をやるためのコツを、体験を通して学ぶことができる。

無償で始めればその後も無償で続けられる

現在、木造校舎には、農業や田舎暮らしを体験するために年間約200人が入れ替わり滞在。学生や仕事を一旦辞めた人などが中心だ。2週間以上滞在可能な35歳以下であれば、誰でも滞在できる。滞在者は寝食を無償で提供され、作付けから収穫まで農作物の栽培過程のひと通りを体験。でも、強制はしない。何をして、いつまでいるかは個人の自由だ。

「提供する食べ物は、以前に滞在した誰かが無償で作業してできたものです。それを食べた人がまた作業をしてくれれば、次の人が食べられる。作物を育てる農地は無償で借りているので、すべてにおいてコストがほとんどかかっていません。だから無償で食事が提供できる。出だしを無償で始めれば、その後も無償で続けられるんです」

所有する軽自動車のガソリンや、農機具の燃料、自宅の家賃……。それらに最低限必要な現金は、パンの販売とカフェの売上、ワークショップの参加費でまかなっている。

「田舎で暮らす際に大事なことの一つは、しごとをつくること。それはつまり、自分がどう生きたいかを考えるということ。お金は3番目くらいにおけば、だいぶ楽になります。儲けたいなら、こういう生き方はやめたほうがいいですよ。儲からないからね(笑)」

三枝さんのとある一日

- 6:00 起床、農作業
- 7:30 朝食
- 8:00 パン作業、捏ねと成形
- 11:00 窯の火入れ（約1時間火を燃やし続ける）
- 12:00 窯入れ（余熱で30分で焼き上がり）
- 12:30 窯出し
- 13:00 昼食、来客対応
- 19:00 夕食
- 20:30 就寝

三枝さんの小商いのポイント

☑ パン屋の開店資金はほぼゼロ

小麦は無農薬・無化学肥料で、無償で借りた農地で栽培。自家製の天然酵母など材料の9割は自給。焼き窯は手造り。店は廃校の一室を利用している。

☑ 食べ物の無償提供を維持

現在7反（約7000㎡）ある畑は木造校舎の滞在者に無償で作業してもらい、ともに管理している。滞在者には、畑でできた作物を無償で提供している。

☑ 生活の延長を仕事にしてリスク回避

売れ行きが良くても、生産量は増やさない。売れ残りは自身の食料にするなど、自身の生活を含め総合的な損益分岐点をクリアすることを重視する。

小商いスタート時の収入・生活

移住当初は草むしりなど、地元の人の手伝いの御礼で生活の糧を得ていた。住居は家賃の安い古民家を借りる。自ら耕作した田畑で作物を栽培し自給自足をしているため食べ物には困らない。NPO発足当初の活動など、必要な場合は貯金をくずして対応していた。

[小麦農家のパン工房 木造校舎]

和歌山県新宮市熊野川町西敷屋1022　旧敷屋小学校

http://mokuzoukousya.jimdo.com/　050-7000-8831

三枝孝之／1947年静岡県生まれ。1999年に和歌山県熊野川町（現・新宮市熊野川町）に移住。田舎暮らしや自給自足の生活の場を若者に提供するため、2001年にNPO・共育学舎を設立。2006年から栽培した小麦を使用し、手製の土窯で焼いたパンを販売、ランチを提供している。

コラム――5

つい最近まで副（複）業は当たり前だった

日本ではほんの40〜50年前まで、季節ごとに生業を変えたり、複数の仕事を組み合わせて生活を構築するのはごく普通のことだった。

もともと、日本国内で圧倒的に従事者が多かった職業は農業。実は農家が農耕に費やす時間は、全労働時間の半分未満だったともいわれる。雨の日や夜には、藁を打って草履などを作ったり、女性達は植物の繊維から糸をつむいで布を織り、衣類を作るなど、自分達の生活用品をせっせと作っていた。彼らは、昼間は農家、夜は職人という2つの顔をもつ、元祖ダブルワーク族だったのだ。

出稼ぎというスタイルも小商い的発想といえる。例えば三重県志摩の海岸地方は、水田が少なく漁業が主産業の土地だった。そのため女性達は春になると山村へ出向いて新茶を摘んだ。5月になると水田地帯へ田植えに雇われ、その後、秋までは地元でアワビを獲ったり、畑仕事を行った。そして秋になると稲刈りに出ていった。

場所やジャンルの垣根を越えて、複数の生業をこなしていたのだ。

また、江戸時代の下級武士は生活が苦しく、さまざまな内職をしていたのは時代劇などでもよく見かける。工芸品として知られる秋田県角館《かくのだて》の樺《かば》細工や、山形県天童市の将棋の駒、鹿児島県南九州市知覧町の知覧傘提灯なども、もとはこうした武士が制作に励み、副収入を得ていたものだった。

自給力を高めて支出をカットしたり、空いた時間をうまく組み合わせたり。小商いを複数もつことには、生活を安定させ、人生を豊かにするカギがあると、いにしえの「副（複）業」スタイルは教えてくれる。

第６章

小商い便利帳

食品・植物・古書販売、屋台出店、ものづくり……。小商いをするにあたり、各種手続きや資格が必要となる場合がある。各窓口や相談先をはじめ、専門知識がなくても簡単に経理関係が行えるソフト（アプリ）など。小商い実践のためのヒントや、お役立ち情報を紹介する。

※掲載情報は一部であり、全てを網羅するものではありません

目的別許認可申請先一覧

基本情報のみ掲載しています（必要書類、条件などは一部省略）。
事業形態や取り扱う品目などにより申請内容が異なる場合があるため、
必ず事前に各窓口へご確認下さい。

☞ 食品を販売する

保健所

ビン・缶詰、包装されたスナック菓子などを仕入れて、そのまま販売する場合や、農産物に簡易な加工（焼く、乾燥など）をして販売する場合、基本的には許可不要。パン屋や喫茶店など、自ら調理して販売する場合は、「食品衛生責任者資格」（食品衛生協会で受講して取得。受講料1万円。ただし調理師・栄養士・製菓衛生師の有資格者は受講不要）と、食品衛生法に基づく営業許可（要申請手数料。業種により異なる）が必要。輸入食品を扱う場合は、厚生労働省検疫所に届出が必要。

☞ 酒類を販売する

税務署

販売場において原則としてすべての酒類を販売できる「一般酒類小売業免許」、通信販売ができる「通信販売酒類小売業免許」、酒類販売業免許を有している酒類卸売店や酒類小売店に卸売ができる「全酒類卸売業免許」などが必要。申請先は販売場を所轄する税務署で、登録免許税3万円〜。通信販売の場合、扱える国産酒類は、前年度における酒類の種類ごとの課税移出数量が、すべて3000kℓ未満である酒類製造者が製造、販売するもののみ。

☞ 飲食店を開く

保健所、警察署

食品衛生責任者有資格者を店に1人置くことと、食品衛生法に基づく営業許可（要申請手数料。業種により異なる）が必要。居酒屋やバーなどで、午前0時以降に酒類を提供する場合は、営業所を所轄する警察署に「深夜における酒類提供飲食店営業開始届出書」を提出。手数料無料。

☞ 古物を販売する

警察署

古着や古本、古美術品、中古自動車などの古物を販売するには、古物商許可が必要。営業所を所轄する警察署に申請する。申請手数料1万9000円。

☞ ゲストハウスなどの宿泊施設を開く

保健所、消防署

宿泊料を受けて人を宿泊させる営業には「旅館業許可」が必要。申請には、営業施設の構造を明らかにする図面や営業施設の付近の見取図などを持参する。窓口は営業所を所轄する保健所で、要手数料（自治体により異なる）。ちなみにゲストハウスは旅館業の「簡易宿所営業」にあたる。食事を提供する場合は別途、飲食店営業許可などが必要。

個人事業主の開業届とともに
青色申告の申請をしておこう

たとえどんなに規模の小さい商売であれ、物やサービスを売って対価を得ている場合、「個人事業」ということになる。法律上は、新たに事業を開始してから1カ月以内に、「個人事業の開業・廃業等届出書」を税務署に提出する必要がある（手数料無料）。もっとも、提出しなくても特に罰則があるわけではない。では、一番のメリットは何かというと、「青色申告」ができるようになること。上記の書類と一緒に「青色申告承認申請書」を出せば、税制上の優遇措置、つまり税金を安くしてもらえる。複式簿記による帳簿記帳ができれば、所得税の対象となる額が、事業所得から最高65万円も控除される。複式簿記には多少の知識が必要だが、毎年、手順は同じ。開業時に覚えておいて損はない。

☞ 車を使用して販売する

保健所、警察署

自動車を使った食品販売は、「食品を車内で簡単に調理・加工して販売」と「予め包装された食品を販売（車内で調理・加工しない）」に大きく分けられる。許可申請は、仕込み場所、自動車の保管場所、申請者の住所などを所轄する該当保健所へ。要手数料（自治体により異なる）。営業車の設備基準も細かく定められているため要確認。道路上で営業する場合は警察署で「道路使用許可」の申請が必要。要手数料。駐車場や空き地などの私有地では、管理者の許可を得れば出店できる。

☞ 自宅で開業する

税務署

業種や扱う品目によって各所に許可申請が必要だが、自宅を営業所とすること自体に特別な許可は不要。ただし、業種によっては土地の用途制限などで希望通りにできない場合がある。飲食店は建築基準法上「特殊建築物」に該当し、用途部分の面積によっては各窓口に用途変更の確認申請（要手数料）が必要。そのほか業種によって内装工事などを必要とする場合がある。賃貸・分譲住宅の場合は、まずは管理者に確認を。

☞ 動植物を販売する

動物愛護相談センター（東京）、動物管理センター（札幌）など

国内の商品に限られるが、植物・魚類・両生類・昆虫類の販売は基本的に許可不要。ほ乳類・鳥類・爬虫類の販売・保管・貸し出し・訓練・展示などの各業を営む場合は第一種動物取扱業者にあたり、営業所を所轄している保健所や動物愛護相談センターで「動物取扱業」の登録が必要。要手数料（自治体により異なる）。事業所には１名以上の常勤の動物取扱責任者（要件は要確認。第一種動物取扱業者自らを動物取扱責任者として選任も可）を置くことや、研修会の受講などが決められている。

☞ 商品を輸入する

輸入量にかかわらず、第三者への販売目的の輸入は「業務輸入」となり、貿易手続きや販売にさまざまな規制やルールが課せられる。

〈**輸送手段**〉小口輸入（小規模な取引）の場合は、国際宅配便や国際郵便が一般的。重量が大きいもの、航空機への積載ができない危険物等は海上・航空輸送の貨物便を利用。その場合、空港・海港間の国際輸送から輸出地での輸送、通関手続き、日本に到着後の輸入通関手続き、国内輸送をまとめて国際物流仲介業者に依頼するのが一般的。

〈**通関**〉品目ごとの国内法令により、輸入にあたり許可・承認等が必要とされるものがある。輸入通関を行う際に必要な書類も事前に確認、用意を。国際郵便小包の場合、課税価格が20万円以下は非課税品と課税品に大別され、非課税品はそのまま配達される。課税品は外郵出張所での輸入手続き後配達。輸入者は配達時に関税・消費税等と日本郵便の取扱手数料を納付して、荷物を受け取る。課税価格が20万円を超える郵便物は、輸入者による輸入申告が必要。委任状を提出し日本郵便に依頼、または独自に別の通関業者に依頼も可。

〈**海外で直接買い付け**〉課税価格の合計が30万円程度以下であれば、手荷物として輸入できる。通関は個人用の土産物と商用荷物を分け、申告書も別々に作成する。

［対日貿易投資交流促進協会（MIPRO）］ http://www.mipro.or.jp/

規制のある商品の例と法

輸入や国内販売時に、検査や届出、表示などの規制がある商品群と法の一例。

商品	法
毛皮、皮革製品	ワシントン条約、家庭用品品質表示法
衣料品	家庭用品品質表示法、不当表示防止法
家電製品	電気用品安全法、家庭用品品質表示法
食品、食器、調理器具	食品衛生法、JAS法
ワイン、ビール等酒類	酒税法、食品衛生法、JAS法、容器包装リサイクル法
ハム、ソーセージ等食肉加工品	家畜伝染病予防法、食品衛生法、JAS法
草花の種子、球根	植物防疫法、種苗法、ワシントン条約
一般用医薬品、化粧品	薬事法、不当表示防止法
おもちゃ	食品衛生法、消費生活用製品安全法
CD、DVD	著作権法、景品表示法

宣伝・販売に便利な無料ウェブツール

☞ HP作成・ウェブショップを立ち上げる

BASE

ショップURLやメールアドレス、パスワードを登録するだけでウェブショップが作れる。ショップを開くために必要となる初期費用や、月額費用、売れるたびに発生する手数料もすべて無料。

https://thebase.in/

Edicy

無料でHPが作成できる。日本語のほか、英語や中国語など複数言語にも対応。

http://www.edicy.com/

FC2ホームページ

ブログや動画などの人気サービスを運営しているFC2が無料で提供している、HP作成サービス。無料でアフィリエイトができるのが利点。年間999円支払えば、オリジナルのドメインが取得可能。

http://web.fc2.com/

☞ 空き部屋を旅行者に貸す

Airbnb

空き部屋をもつ提供者と宿泊先を探す旅行者をつなぐサービス。登録無料。料金は1泊・1週間・1カ月単位で設定でき、価格は提供者の自由。提供者は予約確定毎に3%の手数料を支払う。

https://www.airbnb.jp/

☞ 自分で作った作品を販売する

Etsy

おもにハンドメイドの雑貨を扱うオンラインショップ。登録無料。少額の掲載料（1商品約20円）で作品を出品でき、購入希望者がいた場合は、決済システムPayPalを通じて売買することができる。商品が売れた際の販売手数料は販売価格の3.5%。

https://www.etsy.com/jp/

☞ スマホを使って物を販売する

LINE MALL

スマートフォンなどで、新品・中古にかかわらず、あらゆる商品を気軽に売買できる「フリマアプリ」の一つ。出品は事前審査不要で、スマホで撮影した写真をそのままアップロードし、販売価格を設定するだけ。出品・販売手数料無料。

https://mall.line.me/

☞ 世界中の人と売買する

eBay

アメリカで誕生した世界最大のネットオークション、通信販売サイト。膨大なカテゴリーと億単位の出品数を誇り、不動産や車の取引も可能。決済はPayPalなどを通じて行う。荷物の配送や支払いに関するトラブルに対応してもらえる、売り手保護保障制度も充実。

http://www.ebay.co.jp/

Facebook&Twitterを活用しよう

ウェブショップを開設しても、「知ってもらう」仕掛けがないと、初めはなかなか気づいてもらえない。とはいえ、宣伝告知のために、いきなりお金をかけた方法をとるのは、小商いにとって負担が大きい。そんな時、無料で宣伝ができる、多くの人が利用しているSNSを使わない手はない。Facebookは、イベントなどで一度出会った人達とのコミュニケーションツールとして有効。例えば、グループ作成機能を使って一般非公開グループを作成し、お客さんだけを招待して、品物の応用方法などの情報を発信、交換できるなど、小さなコミュニティを育てやすい。一方で、Twitterは瞬発力の高い情報発信システム。情報が流れてゆくのは速いが、「今日、ここでこんなことをやっています」といった、不特定多数を相手にした、イベント告知などに優れている。

お金にまつわるエトセトラ（融資・決済・経理）

☞ 会社を設立する

ひとりでできるもん

株式会社や合同会社の設立、株式会社・有限会社・合同会社の変更登記をネット上で行うことができる。低コストで最短即日でも可能。電話・メールでのサポート無料。

http://www.alllotto.net/

☞ 資金を募る

MotionGallery

あるプロジェクトに対して不特定多数の人から資金を集めるクラウドファンディング。映像、音楽、アートなどガイドラインを満たしたプロジェクトであれば掲載可能。目標金額未達成でも集まった資金が受け取れるプロダクション・ファンディング方式を導入している。手数料は目標金額達成時10%、未達成時20%（プロダクション・ファンディングの場合）、不成立時は不要。

https://motion-gallery.net/

☞ カード決済システムを導入する

PayPal Here

PayPalホームページまたはソフトバンクショップでアカウントを開設。開設費・月額利用料無料。無料の専用アプリをダウンロードし、専用カードリーダー（Apple store、ソフトバンクショップで販売。オープン価格）をスマホやタブレット端末（対応機種要確認）に挿入すれば、カード決済ができる。決済手数料3.24%、VISA・MASTER・AMEX対応。

https://www.paypal.jp/here/

SPIKE

クレジットカード決済機能がついたリンクを作成できる。小規模事業者向けのフリープランは初期・月額費用、決済手数料無料、月間の取引上限額は100万円。VISA・MASTER対応。

https://spike.cc/

☞ 会計・帳簿を作成する

freee

インストール不要の全自動クラウド型会計ソフト。最大3人まで共有可能。3カ月間データ保持、決算書の作成もできる無料プラン。無期限でデータ保存、青色申告対応の決算書が作成できる個人事業主プラン（月額980円）など。メールサポート無料。

http://www.freee.co.jp/

JDL IBEX出納帳Et

「いつ」「どこで」など簡単な質問に答えるだけで、現金出納帳などの帳簿づけが行える記帳ソフト。7日間は登録なしで利用可。登録すれば1年間無料で利用できる（2年目以降も更新手続きをすれば無料で継続利用可）。windowsのみ対応。

http://www.jdlibex.net/et/

AirREGI

スマホやタブレット端末（対応機種要確認）でレジ業務ができるアプリ。初期・月額費用無料。表示設定ができる商品登録は400件。レジで受けた情報はクラウドサーバに連携され、PC・スマホで売上額などを確認できる。日次・月次集計も可能。レシートプリンタ、キャッシュドロア（オープン価格）も接続できる。

https://airregi.jp/

LLP（有限責任事業組合）とは？

法人化（＝会社化）するより安く、約6万円で設立できる組織がLLP。「有限責任」とある通り、負債が発生した場合でも、損害賠償の対象は出資の範囲のみ。法人格はないため法人税はかからず、各組合員の所得ごとに課税される。株式会社とは異なり、出資比率にかかわらず利益を配分できる。小商いの規模が大きくなってきたり、複数人が集まって小商いを行うときは、選択肢のひとつとして考えてもいい事業形態だ。

総合窓口一覧

条件や状況によって、必要な手続きや手段は多岐にわたります。的確な情報を得るためには、取り扱い商品や業務形態など、相談内容を事前に具体的にしておくことが大事です。

中小企業基盤整備機構

資金調達や公的支援制度の活用方法、その他会社設立に関する法律など、専門家によるアドバイスが無料で受けられる。メールか電話で相談、または全国9カ所の地域本部で面談ができる。

http://www.smrj.go.jp/consulting/

都道府県等中小企業支援センター

全国に60カ所ある、経営全般の課題や資金調達などに関する無料相談窓口。面談での相談のほか、電話やメールでも可。一部のセンターでは、事前に会員登録が必要。

http://www.chusho.meti.go.jp/soudan/sodan.html

J-Net21

中小企業基盤整備機構が運営するポータルサイト。公的機関の支援情報を中心に、経営に関するQ&Aや3000以上の企業事例などを簡単に調べることができる。

http://j-net21.smrj.go.jp/

海外コーディネーターによる輸出支援相談サービス(JETRO)

海外に配置されている、農林水産物・食品、デザイン製品、機械・部品などの専門家が、現地の最新トレンドや売れ筋商品、現地の商習慣などの情報を無料で提供してくれる。電話での相談のほかに、個別面談サービスもある。中小企業限定。

https://www.jetro.go.jp/services/coordinator/

輸出入制度や貿易事務に関する一般相談（JETRO)

オンライン（初回は要利用者登録）または電話で受付。輸出入や海外進出の実務に関する相談に、担当アドバイザーが電話またはメールで回答してくれる。面談も可（希望日の5営業日前までを目安に電話で予約）。相談無料。

https://www.jetro.go.jp/services/advice/

タックスアンサー

国税庁が運営する、税に関するインターネット上の税務相談室。所得税や法人税、消費税、譲渡所得など調べたい項目を選択すると、回答や説明画面が表示される。また、キーワードによる検索も可能。

http://www.nta.go.jp/taxanswer/

ニッポン移住・交流ナビ

移住者の受け入れに積極的な自治体を検索できるサイト。田舎暮らしを考えている人に役立つ、仕事情報や空き家バンクなどの地域情報、体験談も掲載されている。

http://www.iju-join.jp/

ふるさとsearch

国土交通省のUJI（「都市圏の居住者が地方に移住する動き」の総称）支援サイト。地方への移住や、都市と農山漁村の交流に関する情報の発信を目的とし、市町村別に、特徴、個性、定住希望者へのメッセージなどを掲載している。

http://www.mlit.go.jp/kokudoseisaku/chisei/crd_chisei_tk_000037.html

地域おこし協力隊

地方に移住して生活することを考えているなら、総務省が主催する「地域おこし協力隊」制度を利用する手もある。過疎化や高齢化が進む地域に、若者の定住を支援するシステムで、募集自治体によっても異なるが、1～3年の期間、その自治体の嘱託職員として給与を得ながら、地元振興につながる活動に従事する。職種は、農林水産業をはじめ、観光、教育、医療などさまざま。対象エリアも全国各地にわたっている。最新の募集状況や、隊員達の体験談は、下記HPで確認できる。

http://www.iju-join.jp/chiikiokoshi/

あとがき

総勢18名の方に登場して頂いた本書ですが、他にも登場して頂きたかった方がたくさんいらっしゃいました。それにしても、ある意味すさまじい本であろうと思います。なにしろ、ご自身の商売の仕組みを明らかにしてもらう本なのですから、取材を受けて頂けただけでも恐悦至極な話です。

「ライバルが増えるから黙っておいた方が……」というのが、商売をする人の旧来の考え方でありましょう。小商いがやりやすい環境にしたい、という制作チームの意気込みに共鳴して頂けたのだとしたら、個人的には勇気づけられる次第です。その一方で、取材を進める中で、私たちが生きているこの時代というのは、手法をオープンにしていくことが信頼を生み出し、逆に小商いのような仕事にはよい影響がある時代なんやな、とも感じました。いい心意気の人を応援しようという人は、行く所に行けば必ずいるものです。

それに、小商いはもちろん品物の質も問われますが、同じくやっている人との相性が受け手にとって重要な要素です。つまり「この人から買いたいなあ」と思うかどうか。したがって、仮に同じかたちの小商いを別の人がやっても結果的に違うものになることが多い。また、たいてい大量生産が不可能なものなので、バッティングしてお客さんを奪い合うという事態はあまり起きません。そりゃあ移動販売している横で、同じものを売りはじめたら迷惑でしょうが。でも、そんなことをしてもどっちも損をするだけで、やる意味がないから起こりえない。逆に移動販売が複数店舗あるだけで、お祭り感が出て両方得する場合もあるかもしれません。まあ、人の手でつくれるものの量はたかが知れているし、競合がどうとかを考えすぎてもあまり意味がなかったりします。

儲けの規模を第一義にするなら、小商いは向きません。考え方としては、自身の生活の充実、周囲の反応による励み、その次に収益性ぐらいに考えて総合点をどう高めるかを考えるのが良いと思います。そこが小商いをやるにあたっての、面白いところです。

私が「どんなテーマを自分のナリワイにするか」を考えるときの一つのやり方として、「薄利多売過ぎて厳しくなっている業界」「過剰に高額になってしまっている業界」このどちらかで矛盾が大きくなっている仕事を探し、健康的に続けられるかたちを考える、という方法があります。つまり、収益性が突っ走りすぎて働いている人がきついとか、割高感が高まっているとか、そういう状態の仕事です。

色々ないきさつがあって、この状態に陥ってしまっているものがあれば、仕事の規模やかたちを再検討し、仕事の質を変えるのが有効ではないか、というのも本書の密かな主張です。ここでの〝かたち〟というは、提供するモノの質の定義、お客さんとの関わり方、値段などです。この「薄利多売あるいは過剰に高額」フィルターで考えると、色々なアイデアが出てくる場合もあるので、頭の体操と思って考えてみてもいいかもしれません。

もうひとつ、一番シンプルなのは、「自分が欲しいものをつくる」。これは確実です。ただ、欲しいものを具体的に考えることは、実は簡単ではないかもしれません。その場合は、日々の生活で注意深く探しましょう。少々面倒くさいことも楽しいことも、色々体験するようにしたほうがいいです。惰性の日常からは、アイデアは生まれてきません。帰宅する道も最短ルートばかりじゃなくて色々な道を通るなど、そういうことも安上がりで良いと思います。

新しい遊びを考えるのも一案です。私は今、素人が集まって「サッカーW杯決勝戦のチームの戦術だけを真似てサッカーの試合をする」という遊びをしてみたいと企画しています。W杯が近づくたびに、戦術について語る人が多いのですが、話だけだといまいち理解しにくい。実際に詳しい方に教えてもらって理論に基づいて試合をしてみたら、もっと楽しめるかもしれないと思っている次第です（この遊びは仕事に直結しません、念のため）。

これらはあくまで一つのやり方です。合う、合わないがあります。自分が使いやすいフィルターを使って、小商いの素材を探すとよいかと思います。

最後に強調しておきたいのは「小商いは仕事の質を転換できる可能性を秘めている」ということです。今も昔も、色々な構造が固まってしまって、ズルズルと悪い部分が出ているのに、大規模のため関係者が多いから変えられない業界が多い。そんな中で小商いは、個人がしがらみなくやれるので、筋が悪いシステムや慣習に囚われないですみます。大げさにいえば、質的に転換した未来の仕事をつくる可能性を秘めている。とはいっても小商いなので、既存のシステムをいきなり破壊することもありません。だから応援したいという人も出てきやすい。個人が勝手にやる公共事業といえるのかもしれません。良いかたちの小商いというのは、ある種の文化であり共有財産になりえます。

取材に応じてくれた小商い実践者の方々には、そういう意味でも御礼を申し上げたい次第であります。ありがとうございました！

2014年7月　伊藤洋志